青少年人生礼仪指导丛书

青少年社会交往中应该懂得的礼仪

本书编写组◎编

展现内在涵养　拥有美丽生活

世界图书出版公司
广州·北京·上海·西安

图书在版编目（CIP）数据

青少年社会交往中应该懂得的礼仪／《青少年社会交往中应该懂得的礼仪》编写组编著．—广州：广东世界图书出版公司，2010. 2 （2024.2 重印）

ISBN 978－7－5100－1590－8

Ⅰ．①青… Ⅱ．①青… Ⅲ．①人间交往－礼仪－青少年读物 Ⅳ．①C912. 1－49

中国版本图书馆 CIP 数据核字（2010）第 024748 号

书　　名　青少年社会交往中应该懂得的礼仪
　　　　　QINGSHAONIAN SHEHUI JIAOWANG ZHONG YINGGAI DONGDE DE LIYI
编　　者　《青少年社会交往中应该懂得的礼仪》编写组
责任编辑　韩海霞
装帧设计　三棵树设计工作组
出版发行　世界图书出版有限公司　世界图书出版广东有限公司
地　　址　广州市海珠区新港西路大江冲 25 号
邮　　编　510300
电　　话　020-84452179
网　　址　http://www.gdst.com.cn
邮　　箱　wpc_gdst@163.com
经　　销　新华书店
印　　刷　唐山富达印务有限公司
开　　本　787mm×1092mm　1/16
印　　张　10
字　　数　120 千字
版　　次　2010 年 2 月第 1 版　2024 年 2 月第 12 次印刷
国际书号　ISBN　978-7-5100-1590-8
定　　价　48.00 元

前言

青少年应该懂得一些成人世界的规则，以便在入局时更容易赢得尊重。礼仪是一种细节，可以从细微之处构建气质；礼仪是一种交流，交流你我，连接思想；礼仪是一种品位，品位达成某种优越；礼仪是一种认知，这种认知造就文明。

社交礼仪是社会主义精神文明体系中最基础的内容。普及和应用礼仪知识，是加强社会主义精神文明建设的需要，也是人们精神文明程度的实际体现，同时也是国家提倡讲文明、讲礼貌、树新风政策的根本目的。通过社交礼仪的教育和引导，让青少年朋友了解到文明的言谈、举止、仪容和仪表能够反映出一个人的思想修养、文明程度和精神面貌。并且每个人遵守和应用社交礼仪的程度不仅关系到自己的形象，同时也影响到整个所在集体的精神面貌乃至整个社会的精神文明。

礼仪是人际交往的前提条件，任何社会交际活动都离不开礼仪。而且人类越进步，人类生活越社会化，人们也就越需要礼仪来调节社会生活。所以社交礼仪知识的学习就显得越来越重要，这也是培养青少年朋友与他人建立良好的人际关系，形成和谐的社会交往氛围和促进青少年的身心健康的关键。

本书的宗旨是帮助广大青少年了解和培养社交礼仪行为，帮助青少年培养良好的人际关系。内容主要是以教育、引导全体公民自觉遵循社会主义礼貌道德规范以及相应社交礼仪的形式，来提高人们的文明意识，养成人们文明行为的日常习惯，促使良好社会风尚形成，使人与人之间、人与社会之间达到高度和谐与有序，努力推进整个社会精神文明程度的提高。

本书具有以下四个特点：

一、与时代共同性。和平与发展是时代的主题，青少年注重仪容、仪表、仪态的规范，以及各种通用的社交礼仪规范，使世界各国人民都约定俗成，成为世界共同的礼仪模式，同时也成为各民族人民之间友好相处和平发展的关系准则。

二、民族的继承性。社交礼仪既是一个国家、民族在长期生产活动、生活交往中逐步形成的，又是以民俗习惯的传统形式凝聚、沉淀下来的，那么必然有民族的传统特性。中国历来被誉为“礼仪之邦”，存在着悠久的礼仪传统。

三、社会的共识性。社交礼仪是社会文明程度的反映，是社会成员素质的缩影，社会发展客观需求礼仪，社会成员交往主观也需要礼仪，于是礼仪规范就成为全社会共同认可的行为准则。

四、全员的可行性。社交礼仪是公民思想、文化、道德、习惯在交往中的全面展示，人人都要做，人人都能做，人人都会做。

通过对本书的学习，青少年可以提高礼仪修养，培养青少年社会交往的实际能力，养成良好的礼仪习惯，具备基本的文明素养。

本书在编写过程中，参考了同行专家、学者已出版书籍及一些网络资料，在此对相关作者表示衷心感谢！

目 录

交往礼仪

交际禁忌

餐饮礼仪

公共场所礼仪

交通礼仪

通讯礼仪

馈赠礼仪

个人基本素养

做个让人一见难忘的人

有些人不论讲到什么事都喋喋不休地讲个没完，这种自以为是评论家的人和具有辩才的雄辩家大不相同，其鼓噪的言辞，令人生厌。

说话的要领并不在于以幽默风趣的口吻及华丽的辞藻把对方迷得团团转，或是运用高深的哲学理论，让对方崇拜自己。说话的真意在于将告知的讯息正确地传达至对方的内心，以有组织的理论使对方更正确地认清事实。

然而，以讲求理论的主张，可是件令人受不了的事。为了增加自己的交际范围而进行的谈话，与谈论道理有所不同：它必须要具有休闲与幽默的特质。只是，在深受儒家思想影响之下，很少人是富有幽默感的。

让别人感到有趣、说话的内容值得一听、很高明地赞同别人的意见、不和他人唱反调、在分手的时候总是留下一点让人回味的情趣；具备了这些技巧，就能引起人想要继续交往的念头。

让人一看就觉得无聊，总是说些没有修养的黄色笑话或鸡毛蒜皮的琐事，这样的人很容易让人敬而远之。

如今并不是“沉默是金”的时代，在这个凡事都讲求迅速的社会，想以沉默来让大家了解，恐怕等不到那个时候一切就已经结束，留给大家的误解也没有澄清的机会。

因此，现代人必须借着言词来表达自己，不善言词的人虽然可以用沉默来避免暴露自己的缺点，但他只要一开口马上就会露出破绽，要培养说话技巧就是这个道理。

说话技巧的理论有：归纳法、演绎法两种。前者是由各个具体的事态，导论出重点与法则；后者则是由理论来说明特殊的事态。

要采用前者就必须具备很充足的事例，资料与数据必须具有充分的说服力，后者则需要广泛地了解各种理论，并且能够融会贯通地应用在恰当的例子上。

偶尔举“极端的事例”为证也是说话技巧的应用，这是为了让对方了解自己内心的本意。为了更有效地达到这个目的，偶尔也可以利用“极端的事例”来说服对方。

例如，某君因为不受上司的赏识而打算辞职。一般人大概都会劝他打消这个念头或是予以安慰，但往往还是不能改变他的心意。这个时候倒不如举一些极端的例子来挫挫他的锐气。

“这么说，只要能得到上司的赏识，就算叫你贩毒你也愿意吗?”

“不，我对目前的工作感到很满意，只是……”

“这么说，你并不讨厌目前的工作嘛！而且工作能够让你感受到生命的价值，只是有些人际关系的苦恼罢了，你的人生观就是宁可为了人际关系苦恼，而否定其中的正面意义嘛!”

原本这种极端的例子并不正确，把正当的工作和不法勾当相提并论并不恰当，但把这种极端的例子塞进对方狭隘的思绪里，却正好可以发挥作用。

与朋友交往，并不需要用什么特殊技巧来驳倒对方，而是要让自己所说的话很容易让对方接受。在现代这种信息发达而凡事讲究速度的时代，以实际的例证或数据，更有利于在短时间内得到结论。

有些人喜欢引用一些历史典故来说服对方，其实这未必适用于现代的状况，倒不如举些周围的实例比较有效。

现代人也有喜好夸大的趋势，所以在车厢广告、电视短片中都常会出现一些运用极端事例来打动人心的宣传。在朋友关系中，稍微举一些极端事例并不算是夸大，这不过是为了要弥补平凡事例不足以说明的状况罢了。

诚信——人的首要品质

当今的年轻人都想追求事业的成功，但很少有人认真想想在追求成功的同时，必须恪守一些基本原则。人生的基本原则是什么？读一读以下中国科学技术大学校长、中国科学院院士朱清时教授讲述的发人深省的事，你就会明白。

“微软中国研究院前任院长李开复回国前，写了一封公开信，也送给我了。他在信中说，有一次他面试了一个年轻的求职人员，此人在技术管理方面很出色，看起来他得到这个职务的机会很大。但是在谈话中这个人悄悄向李开复表示，如果录取了他，他可以把公司一项发明带过来，他看到李开复的眼色不对，又补充了一句说：这些成果是他下班后做的，跟公司没有关系，老板不知道。但是这一番话使李开复马上明白了，无论这个人的能力有多强，都不能录用他，也不敢录用他，原因是他缺乏处世的最基本准则，即诚实可信。

我强调这个问题，是因为我觉得一些大学生人格上有一些毛病。据我了解，有些人在出国问题上撒谎，在至关重要的问题上对老师、学校保密。等我联系好后，他突然宣布现在出国去哪个国家了。我本人就遇到了好几件这种事，遇到这种事我觉得心里很悲哀，他们这样做会使他们在社会上遇到更多危险，失去很多成功的机会。比如，在美国，中国学生的勤奋优秀是很出名的，曾一度是美国很多大学欢迎的留学生，但是最近情况有了一些变化，原因就是不少中国留学生拿到博士奖学金后到美国就转学了。因为到美国读博士容易申请的是数学和物理专业的研究生，美国人愿意读这个专业的人少，美国学校为了维持平衡，情愿拿出奖学金，从中国雇学生去美国的学校做助教。因此，很多学生就找到了窍门，以读研究生为名得到了奖学金，到了美国一两年之后，翅膀硬了，就马上跳槽去读电子、读管理、读法律。这些做法，使美国很多大学觉得这样的学生靠不住，有的不愿意接收了。我觉得这些学生的做法，是因为在学校没有学会诚信，没有懂得在社会上保持诚实、守信对他一生的重要性。”

宽容的益处

近年来的一些发现揭示了精神与身体健康之间的密切关系，主流社会也开始重视这一领域。比如：美国《时代》杂志曾于 2003 年 1 月和 7 月、《新闻周刊》在 2003 年 11 月和 2004 年 9 月以特刊来专题探讨。本系列旨在总结一些近期有关发现，与读者共同寻求通向身心健康之路。

《新闻周刊》在 2004 年 9 月 27 日报道，当一个人受到不公待遇时，报复别人固然也许能缓解一时的心头之气。然而，能够一笑了之才是能给自己带来健康的明智之举。

报道中说，原谅他人不只是能给一个人带来精神上的益处，也能带来身体上的健康。事实上，这已经成为当今医学的热点之一。

科学家们认为，原谅别人对自身的益处是多方面的。否则，当人心里有疙瘩、愤怒，或有敌意时，实际上对自身会造成伤害。在一项研究中，科研人员比较了两组测试对象：一组与他人关系融洽；另一组则与他人有摩擦。研究发现与他人有摩擦的一组人群的体内一些对健康不利的指标高。不仅如此，当这些测试对象被要求回忆与他人的不愉快经历时，这种对健康不利的指标会升得更高。

美国密西根的研究人员表示，对

别人的宽容应该成为人的品性的一部分，而不只是在别人对你不好时才有的反应。

此外，加州斯坦福大学的研究发现，也证实了忍让或原谅别人有利于身体健康。在有70名妇女参加的该项调查中，大部分为20～50岁。研究人员想发现，在社会交往中与别人关系紧张时，原谅别人有利于减轻心理压力并增进健康。

根据试验结果，研究人员介绍说："当人们就一件事情长期的耿耿于怀时，往往就会在心理上形成负面影响。比如忧虑、敌意、与别人关系紧张等等。"这在身体上也能反映出来。比如"会导致一些类固醇等激素的含量持续升高，进而导致一系列疾病，其中包括糖尿病，高血压和癌症等等。"

然而，科学家们也发现，原谅别人并不是说到就能做到的，而且需要一个过程才能身体力行。

生活中你善于微笑吗

笑容是一种令人感觉愉快的面部表情，它可以缩短人与人之间的心理距离，为深入沟通与交往创造温馨和谐的氛围。因此有人把笑容比作人际交往的润滑剂。

在笑容中，微笑最自然大方，最真诚友善。世界各民族普遍认同微笑是基本笑容或常规表情。在人际交往中，保持微笑，至少有以下几个方面的作用。

1. 表现心境良好

面露平和欢愉的微笑，说明心情愉快，充实满足，乐观向上，善待人生，这样的人才会产生吸引别人的魅力。

2. 表现充满自信

面带微笑，表明对自己的能力有充分的信心，以不卑不亢的态度与人交往，使人产生信任感，容易被别人真正地接受。

3. 表现真诚友善

微笑反映自己心底坦荡，善良友好，待人真心实意，而非虚情假意，使人在与其交往中自然放松，不知不觉地缩短了心理距离。

4. 表现乐业敬业

工作岗位上保持微笑，说明热爱本职工作，乐于恪尽职守。如在服务岗位，微笑更是可以创造一种和谐融洽的气氛，让服务对象倍感愉快和温暖。

真正的微笑应发自内心，渗透着自己的情感，表里如一，毫无包装或矫饰的微笑才有感染力，才能被视作"参与社交的通行证"。

忘掉别人欠你的情

中国有句古话："虽有兄弟，不如友生。"可见交友之重要。有些同学在交友过程中，往往开头人缘不错，但友谊却往往不持久、不巩固。这种现象很有代表性。究竟是什么原因使其能开好头却不能结好尾呢？

一个人的待友之心，往往体现在日常生活的琐细事情中。分析起来，这些同学之所以开始显得人缘很好，主要是因为他们一般都比较随和、乐于助人，能够想别人所想，济别人所难。在这些方面，这些同学的确做得不错。但是，在他们帮助过别人之后，内心也就不断增长期待别人回报的心理。当这种心理得不到满足时，他们与曾经被帮助过的人的关系便日渐冷淡了……不错，同学之间应该互相帮助，互相接济，但是这只能是我们自己的信念，而不能以此强求别人，甚至因别人做不到这一点，自己也就放弃了这一义务。埋怨对方没有投桃报李，自己吃了亏，说那些"我对他多好，我帮他做了多少事。轮到这次我求他，他却不管，真不够朋友"之类的话的同学，在他们看来，"友谊"几乎成了一种交易。与人交往，施恩图报，而恩和报之间又难得均衡，那么，这样的朋友关系又怎能发展下去呢？斤斤计较的人不但会失去朋友，而且会失去自己的品格。

古希腊政治家伯利克说："我们结交朋友的方法是给他人以好处，而不是从他人方面得到好处。""当我们真的给予他人以恩惠时，我们不是因为估计我们的得失而这样做，乃是由于我们的慷慨这样做而无后悔的。"

为此，请把别人欠你的情尽量忘掉。

忍学大观——如何用好心头这把刀

凡一学术的兴起，都须经过漫长的发展过程，其中有争鸣、有质疑、有不屑、有反对。此并不需一一表达。今观世上之人，急躁莽进者多、暴烈不逊者多、凶神恶煞者多，何也？大丈夫难咽一时之气，恃强者难容异己之人，皆受"人活一口气"影响甚深，更别说什么清心寡欲、恬淡亲和。鉴于上，吾遂排除万难，创设一门救民于水火中的奇世大学问：忍学——此乃标榜自己功高盖世也。创设二字却是误人，此学问古已有之，今略作整理，希冀有朝一日能登大雅之堂。

"忍"者，心中能容刀锋之刺也。俗语说"宰相肚里能撑船"，此乃忍之表现。话说唐相娄师德不只肚里能撑一只船，恐怕驶一只航母也绰绰有余，皆因他练就了一门旷古奇绝

孙 膑

的神功，曰“唾面自干”。此等神功一出世，便惊煞了世间人。于是他的治下一片太平。盖娄大师早已背熟了“退一步海阔天空，让三分自然悠闲”的祖宗遗训，更深深地理解了话中意味。只凭他这一招，吾今推他为“忍”学之始祖。基督耶稣也是忍让名家：别人打他的左脸，他却将右脸也伸过去让人捶练。此等高风亮节，实乃忍学之楷模。

忍学是忍辱负重之学。小不忍则乱大谋。忍方能成其事，忍方能遂其业。不能忍者无大成。试问古往今来多少仁人志士，皆因不能忍而心血付水东流，轻者事败，重者身亡。燕丹之身死国破，建成之玄武魂归（宫廷之争尤其明显）。忍辱负重是良训，苟且偷生成大才。越王勾践卧柴草中，日舔苦胆以自励，忍辱偷生，其志何尝灭，其神也常在，终于三千越甲吞了吴，一洗国耻一报家仇。实乃吾派之杰出代表。

忍学是糊涂求生之学。大智若愚，大巧若拙。越糊涂越能让对方小视你。潜隐实力，韬光养晦，静等时机。而后一举得手，扬名天下不远。虽身陷囹圄，大可悠然无事。庞涓嫉妒孙膑才学，骗其共仕魏国，不为孙举荐，害其之心早生：先道膑实乃一庸才；后又谗毁膑为叛徒；割膑之膝骨，成一世废人。并且庞涓还不放松对他的警惕，永囚之牢狱，无见天光之时。于是孙膑乃装疯卖傻，癫狂胡闹，甚而屎尿齐下，才得以逃身齐国。后得报此仇并成大军事理论家，皆忍之功也。故孙膑兄也是本派一大名人。

不学忍术，不学无术也。我忍故我在。故我派之忍学，实乃世间一大学！

每天自己淘汰自己

有一则寓言给我留下了十分深刻的印象：在非洲的大草原上，生活着羚羊和狮子。一天清晨，羚羊从睡梦中醒来，它想的第一件事就是，我必须比跑得最快的狮子还要快。否则，我就会被消灭。而狮子也同时在想：要想得到我今天的美餐，我必须比跑得很快的羚羊更快，于是在广袤无垠的大草原上，无时无刻不在演绎着惊心动魄的生死搏杀，优胜劣汰的自然法则，在这里体现得淋漓尽致。

狮子与羚羊

“每天淘汰你自己”，这是我告诫自己的一句话，也是我与同事交流时常常说的一句话。事实上，我们所处的生存空间正在被无限压缩。20世纪70年代的时候，欧美一些未来学家曾经预言：“当人类跨入21世纪时，每周的工作时间将压缩到36小时，人们将会有更多的时间提升自我，休闲娱乐。”但历史的脚步迈入21世纪时，人们却惊讶地发现，相当多的人每周工作时间在无限延伸，甚至超过了72小时，而有不少人却被“剥夺”了工作的权利，被市场无情地淘汰了，而那些每周工作时间在不断延伸的人们却是愈加发奋苦苦地“提升”自我。未来学家的美好预言被残酷的事实无情地印证了。

假如你不淘汰自己，可能就会被别人淘汰。3年前在某中外合资企业担任网络通讯设备销售经理的一位人才，3年来一直忙于日常事务，在“干杯”声中翻过了日历。今天，他的下属学历比他高，能力比他强，经验也在数年的商海中获得了积累，羽翼日渐丰满，销售业绩惊人，在公司最近的绩效考评中名列第一，迅速淘汰了他这位上司，留给他的是蹉跎时光的惋惜。

羞怯妨碍您的进步和发展

羞怯是一种逃避行为的最常见形式，其表现是多种多样的。在日常生活中，常常会看到这样的现象：有的人在路上碰到熟人因怕羞故意躲避；有的人不敢在大庭广众之下讲话，一讲就会脸红舌硬。上述情况在心理学上称为怕羞心理。

怕羞心理的形成与儿童时期缺乏父母的抚爱或很少与外界环境接触有关。这类人的性格大多内向，气质属于黏液质型、抑郁质型或两种类型的混合型，神经系统较脆弱，女性多于男性。怕羞心理产生的原因，除了与人的气质特点有关外，主要是环境和教育的作用。例如，有成绩时得不到奖励，而无成绩时受到惩罚的男孩是最羞怯的；如果父母在社交上是积极的，则他们的孩子大多不会羞怯，这就说明了家庭环境的作用。

在日常生活中过分怕羞有碍于工作、学习和人际交往。这是因为有怕羞心理的人过多地约束和拘谨自己，而难与人建立亲密的关系；因沮丧、焦虑和孤独则导致性格上的软弱和冷漠；因怕羞而怯懦、胆小和意志薄弱。怕羞心理随着年龄的增长和交往的增多，可以逐渐减轻。如果到了婚恋年龄还怕见生人，不敢与人接触和交往，这就变成一种病态心理了。如何克服怕羞心理呢？

1. 要有自信心

英国哲学家黑格尔说过："人应尊重自己，并应自视能配得上最高尚的东西"。对于怕羞的人来说，千万不要为自己的短处而紧张，恰恰相反，应经常想到自己的长处，要深信："天生我材必有用"。要培养自信心，相信只要兴致勃勃地干，自己的能力必定能发挥出来。

2. 不要害怕别人的议论

仔细分析那些怕在大庭广众中讲话，羞于与人打交道的人，便不难发现，他们最怕别人否定的评价。这样越怕越羞，越羞越怕，形成恶性循环。其实，"哪个人后无人说"，被人评论是正常的事，不必过分看重。有时，否定的评价还有可能成为激励自己的动力呢。

3. 讲究锻炼方法

开始可以先在熟人范围里多发言，然后在熟人多、生人少的范围内练习，再发展到生人多、熟人少的场合，循序渐进，逐步增加对羞怯的心理抗力。每到一个新场合之前，事先作好充分准备，增强信心，提高勇气。

4. 学会自我暗示法

每到陌生场合自感紧张时，可用暗示法镇静情绪，例如把生人当熟人一样看待，怕羞心理就能减少大半。当怕羞者在陌生场合勇敢地讲出第一句话之后，随之而来的很可能就是流利的语言了。用自我暗示法突破起初的阻力，是克服羞怯的一种有效措施。

只要你敢于对怕羞说"不怕"，并敢于在实践中克服它，就会走出羞怯的低谷，成为落落大方的人。

保守秘密也是一种礼仪

一个人总有一些纯属个人私密的东西，这些"隐私"往往不宜扩散，只能在自己与挚友之间"你知、我知"。这些隐私包括伤心的事，包括快乐的秘密，也包括生活的缺陷、个人的恩怨等等。

早从小学时代起，我们就开始在一定范围内向别人保密了，就是对最亲近的父母也不例外。但是我们心头的秘密，却可以向要好的同学朋友公开，只是，这有一个条件："秘密"告诉了你，你就得为我保密。不然，以后我就再也不会把秘密告诉你了。这种向朋友吐露又要求朋友保密的倾向，随着年岁的增长，愈来愈强烈。

一些个人"隐私"，自己闷在心里实在难耐，于是就会向知心好友倾吐出来，目的是为了赢得朋友的同情、爱怜，让其帮助自己出点子，想办法。假如，当好友将他的苦衷告诉了我们，我们却把这些“悄悄话”公之于众，那么会引发什么样的后果呢？朋友伤心不说，可能还会引起意想不到的连锁反应，引发系列风波，平白无故地制造出人为矛盾。而自己的形象也蒙上一层阴影。

朋友把自己的“隐私”告诉了你，即使没有叫你保密，也表明了他对你的极度信任。对此，你只有为他分忧解愁的义务，而没有把“隐私”张扬出去的权利。如果张扬出去，势必会失去朋友的信任，以后人家就再也不敢和不愿把自己的“隐私”告诉你，而你也就成为一个严重失德的人。

心理学家认为，对一个人来说，保守秘密的能力是他在社会中健康发展的基础。长期以来，心理学家们就认为保守秘密的能力居于一个人心理健康发展的最中央位置。儿童在6～7岁时就学会不要提前泄露送给妈妈的礼物。研究者们还发现，保守秘密的本事能加强一个人的吸引力。

在我们周围，每一个人一定能区分开哪些人保密能力强；而哪些人保密能力弱。但是，真实的内心环境告诉我们：因为长时间严守一个秘密而在精神上精疲力竭的人大有人在。

比如，有些人要求朋友恪守秘密。他们努力压抑自己不说出秘密，最后导致一种反弹效应，使得他们对心中秘密的顾虑竟然会沉没自己正常的意识，被压抑的想法甚至还会在一些人的梦境中重现。

心理学家通过实验发现了一个群体，他们将其称为“压抑者”，这些人更能无视或者压抑秘密，也就是更能严守秘密。职场中的守密者会有这样的特点：很少生气、很少为金钱发愁或者被噩梦困扰。他们都自我感觉良好，不会为一点小麻烦冒汗。

心理学家相信，这些人会用美好记忆自我干扰，封锁脑海中令人沮丧的事情。经过一段时间的历练，这些人习惯成自然，成为了擅长保守秘密的人。

人们之间互相交往，是为了交流情感、寻找帮助和增进友谊。人们结交朋友的一个重要目的，就是使自己的心里话能够找到一位可以倾诉并被理解的对象。但是，言而无信的人却辜负了这种信任，他们当面答应“保守秘密”，背转身来又向别的不相干的人和盘托出。像这样的人，怎么让人与之交往呢？

仪表仪容礼仪

追求仪表美

我们大家都敬重和钦佩周总理，不仅是因为他知识丰富、思维敏捷、谈吐机智、彬彬有礼，他的堂堂仪表、翩翩风度也是我们心中仪表美的楷模，是我们学习的榜样。

有一次，周总理到非洲访问，当飞机快要降落时，总理一边说“我也该整理一下了”，一边抬起左手，五指分开，从前额至脑后梳理起头发来，然后两只手同时从两鬓向后，把头发抚平。他的头发本身又黑又亮，经过梳理，显得更有风采了。整理完头发，周总理又两手举到眉心，用食指和中指轻轻夹着两道长而浓的眉毛，从眉头顺势抹到眉梢，再用手掌轻搓面颊。最后站起身，从上到下抚平衣服。

仪表堂堂的周总理及其夫人

在外事活动中，周总理始终保持着昂扬的精神面貌、整洁的仪态仪表。在机场迎送外宾、举行仪式的时候，无论夏日里骄阳似火，还是寒冬里狂风凛冽，他始终坚持既不戴遮阳帽，也不戴防寒帽。遇到降雨飘雪的恶劣天气，他不仅自己不打雨伞，不穿雨衣，也不允许外交部礼宾司的同志们打雨伞穿雨衣。他说，往往第一印象会给人留下最深刻的记忆，我们应该给每一个外国朋友留下好的印象。

1972 年 2 月 21 日，美国总统尼克松激动而兴奋地走下“空军一号”飞机时，周恩来总理正不卑不亢地守候在舷梯旁。他给尼克松留下的第一个深刻印象就是：“周恩来站在舷梯脚前，在寒风中不戴帽子。”

周恩来迎接尼克松访华

外事活动如此，国事活动也是如此。周总理永远都是风度翩翩、温文尔雅地出现在每一位客人面前。人们从他那整洁的仪表，看到了他美好的心灵。

从上面这一段描述中可看出，周总理是重视仪表美的，重视“第一印象”。他认为，仪表能代表人格、国格，不容忽视。我们青年学生也应从小重视仪表、风度，追求仪表美。尤其在改革开放的今天，国际交往日益增多，我们每个人的仪表也同样代表着民族的素质，我们应当以炎黄子孙特有的气质，端庄、文雅、秀美的仪表展现在世人面前。

学生仪容、仪表、仪态的礼仪

衣着得体：中小学生的日常着装要符合年龄特点，特别是符合学生身份，整洁大方。少先队员、共青团员依照规定佩戴红领巾或团徽。学生不化妆、不戴饰物、不烫发，男生不留长发。

参加集会、听讲时坐正立直。坐正：头正颈直，上体与座椅靠背基本垂直。立直：抬头挺胸，上体、双腿与地面垂直。

行走稳健：行走姿势正确、步幅适中，稳健有力。在楼道、教室行走时，慢步轻声；在街道上，靠右行走；不摇肩晃臂，不多人勾肩搭背行走。

谈吐举止文明：是仪表的综合要求。与人交谈时，态度诚恳，语言文明。待人接物中，表情自然，动作大方。

仪容仪表的清洁

清洁的仪表，得体的修饰，往往影响着工作的效果，不能忽视。心理学上讲的“首因效应”，即人的知觉的第一印象往往形成顽固的心理定势，通常在30秒内形成的第一印象，对后期一切信息将产生指导效应。

个人礼仪、仪容仪表的清洁：

清洁是仪容美的关键，是个人礼仪的基本要求，也是当今社会与人交往、取得成功的必要条件。

1. 面容清洁

要求每日早晚洗脸，清除附在面部的污垢、汗渍等不洁之物。正确的洗脸方法有助于保持皮肤的弹性，保持血液循环良好和新陈代谢的正常运行，因此要注意洗脸的方法。首先用温水先润湿脸部，然后用适当的清洁剂（洗面奶、香皂、洗面膏等），用手由下向上揉搓、打圈。手经过鼻翼两侧至眼眶周围正反打圈，从上额至颧骨至下颌部位反复打圈，由颈部至左、右耳根反复多次。这是借助于光滑的洗面材料而起到对皮肤的按摩作用；再用温水冲净面部的洗面用料；最后用凉水冲洗，令毛孔收缩。为了养护面容，平日多吃水果蔬菜，多喝水，以保持足够的水分，防止皮肤粗糙干燥。要保证足够的睡眠，使面部看上去红润。夏季要及时擦去脸上的汗，不要让其淌在脸上。冬天在外出前要擦好润肤产品，以便保护肌肤。

2. 口腔清洁

保持牙齿清洁，要坚持早晚刷牙。常规的牙齿保洁应做到“三个三”，即三顿饭后都要刷牙；每次刷牙的时间不少于三分钟；每次刷牙的时间应在饭后三分钟内。

口腔异味影响交际，必要时可以用口香糖来减少口腔异味。但应指出，在正式场合嚼口香糖是不礼貌的，与人交谈时，也应避免。每日早晨起床，空腹饮一杯淡盐水，平时多以淡茶水漱漱口。

3. 鼻子清洁

在接待客人前，最好检查一下自己的鼻毛是否过长，以免有碍观瞻。如鼻毛过长应用小剪刀剪短，但不要去拔。保持鼻腔的清洁，不要用手去抠鼻孔，尤其是在客人面前，这样既不文雅，又不卫生。

4. 头发清洁

应该养成周期性洗发的习惯，一般每周洗 2～3 次即可。易出油的头发应该 2 天洗 1 次；干性的头发洗头间隔时间可稍长一些。洗前先将头发梳理通顺，湿润后用洗发用品轻揉，最后冲洗干净。

初秋，往往会出现头皮屑增多、脱发、断发的现象，主要原因是因一个夏季强烈阳光的辐射，风吹、汗渍等使头发正常生长受到影响。所以在入秋前对头发要精心保养，可补充一些营养护发素等。如发现发尖分岔，就必须及时修剪。在洗发时，洗发剂和肥皂不宜在头发上停留太长时间，因其性质属碱性，对头发会有损害。梳头时，一定要留意，上衣和肩背上不应落有头皮屑和脱落的头发。

5. 手的清洁

在交际活动中，手占有重要的位置。接待客人时，我们通常以握手的礼节来表示对客人的欢迎，然后再伸出手递送名片等，客人总是先接触到我们的手，形成第一印象。通过观察手，可以判断出一个人的修养与卫生习惯，甚至对生活的态度。因此，应经常清洗自己的手，修剪指甲。手的清洁与一个人的整体形象密切相连，应当引起足够的重视。但在任何公众的场合修剪指甲，都是不文明、不雅观的举止。

6. 身体清洁

讲究个人卫生，养成良好的卫生习惯，要求身体勿带异味。常常洗澡是必要的，尤其是参加一些正式活动之前一定要洗澡。如果有“狐臭”，应及时治疗，避免在公务交往中引起交往对象的反感。有些人喜欢使用香水，走到哪里香到哪里，这也是不礼貌的，所以在工作中最好不用香水。

7. 胡须清洁

我国当代风俗，男子不蓄胡须，所以若不是老人或职业上的特殊需要，都不要蓄胡须，男士每日要把脸刮干净。特别要指出的是，不可以当众剃须。商务人员一般不提倡留长发、蓄胡须。

学生体态语言礼仪

微笑：是对他人表示友好的表情，不露牙齿、嘴角微上翘。

鞠躬：是下级对上级、晚辈对长辈、个人对群体的礼节。行鞠躬礼时，脱帽、立正、双目注视对方，面带微笑，然后身体上部向前倾斜自然弯下，低头眼向下看。有时为深表谢意，上体前倾可再深些。

握手：是与人见面或离别时最常用的礼节，也是向人表示感谢、慰问、祝贺或鼓励的礼节。

握手前起身站立，脱下手套，用右手与对方右手相握。

握手时双目注视对方，面带微笑。

一般情况下，握手不必用力，握一下即可。老友间可握得深些、久些或边问候边紧握双手。

多人同时握手不要交叉，待别人握后再伸手，依次相握。

招手：在公共场合远距离看到相识的人或送别离去的客人，举手打招呼并点头致意。

鼓掌：是表示喜悦、欢迎、感激的礼节。双手要有节奏地相击，鼓掌要适时适度。

右行礼让：在校园、上下楼梯、楼道或街道上行走时，靠右侧行进。遇到师长、客人、长、幼、妇、残、军人进出房门时，主动开门侧立，让他们先行。

人的外在形象

不管是在公共场所，还是在私人聚会，只要你与人进行交往，你在着装打扮、言谈举止等外在形象就会出现在他人的眼里，并留下深刻印象。可以说，一个人的外在形象的好坏，直接关系到他社交活动的成功与失败。

1. 解决好形象的“焦点”问题

服饰、仪表是首先进入人们眼帘的，特别是与人初次相识时，由于双方不了解，服饰和仪表在人们心目中占有很大分量。

穿衣要得体，这是最基本的要求。只要是适合自己体形，漂亮又有新意的衣服，就应当大胆穿着。服饰的个性，也能让人判断出你的审美观和性格特征。服饰式样过时，人家会认为你刻板守旧，太过超前会让人觉得轻率固执、我行我素，这两种情况都让人得出“此人不好接近”的结论，自然会影响社交中的形象。

2. 让你的言谈举止“放大”形象

言谈举止是一个人精神面貌的体现，要开朗、热情，让人感觉随和亲切，平易近人，容易接触。

很多人在社交中总担心没有出众的言谈来打动大家，吸引别人的注意，以致于造成精神上的紧张，使表情、动作都变得十分僵硬，这都是自尊心太强造成的。因此，应放松心情，保持自己的既有特点，而不要故意矫揉造作。有的人在“亮相”时昂首阔步，气势逼人，在跟别人握手时像钳子般有力，跟人谈话时死死盯住对方……这样故作姿态，不仅会令别人感觉难受，连你自己也觉得别扭。其实最好的办法是保持你原有的个性和特质。

言谈要有幽默感。在社交中，谈吐幽默的人往往取胜。没有幽默感的人在社交中往往会失败。在交际场合，幽默的语言极易迅速打开交际局面，使气氛轻松、活跃、融洽。在出现意见有分歧的难堪场面时，幽默、诙谐便可成为紧张情境中的缓冲剂，使朋友、同事摆脱窘境或消除敌意。此外，幽默、诙谐还用来含蓄地拒绝对方的要求，或进行一种善意的批评。平时应多积攒一些妙趣横生的幽默故事。

3. 充分展示性别美

男士切忌流露出狭隘和嫉妒的心理，不要斤斤计较，更不要睚眦必报。男人的性别美，是一种粗犷的美，内涵的美；真正的男子汉应该有性格，有棱角，有力度，有一种阳刚之气；而那些扭扭捏捏的奶油小生则让大多数人难以接受。而女性美普遍被人认可的形象一直是娴静的、温柔的、甜美的。女性容貌清秀，线条柔和，言谈举止中所散发出来的脉脉温情强烈动人。交际时，女性如能巧妙

生活中的撒切尔夫人及其家人

地利用自己的性别特点，表现得谦恭仁爱，热情温柔，一般总能激起男性的爱怜感和保护欲。女性自然的柔和所产生的社交力量，有时比“刚强”的力量要大得多。

聪明的女性总是自觉地突出自己的性别形象。如英国前首相撒切尔夫人有“铁娘子”之称，政坛作为不让须眉，但在家中仍是个好主妇，为家人做早餐，为女儿粉刷墙壁，对丈夫温存体贴，其温柔美得到了人们的交口称赞。

4. 发挥“二号微笑”的魅力

舞蹈演员在舞台上表演轻松欢快的舞蹈时，要保持“二号微笑”。所谓“二号微笑”，就是“笑不露齿”，不出声，让人感到脸上挂着笑意即可，保持“二号微笑”，让人感觉心情轻松，又比较愉快。

在社交场合，轻轻的微笑可以吸引别人的注意，也可使自己及他人心情轻松些，“笑眯眯”的人总是有其魅力的。

身材不好这样办

人的体型差异很大，十全十美的人很少。理想的体型，要求躯干挺直，身体各部分的骨骼都要匀称。诸如胖、瘦或腿短、臀宽等不完美的体型，在礼仪活动中都可能成为自身的不利因素。但若能了解自己的体型缺陷，扬长避短，便可顺利应付任何社交活动。

体型较好的人，对服装款式的选择范围较大，着装时应该更多考虑的是服装与肤色、气质、身份、场合等的协调。

体型较胖的人最好着上下一色的深色套装。裤子的长度应略长一些，裤腿略瘦。女士忌穿连衣裙，忌用单调的横条纹。

体型较瘦的人，应尽量减少露在外面的部分。女士应在胸前做些点缀。

肩窄臀宽的人，应该注意使用垫肩，使肩部看上去宽些，也可以在肩部打褶以增加宽度，可以选择束腰的服装以衬托肩部的宽大。忌穿插肩上

衣、宽大的外套和夹克衫，忌穿无袖上装、长而紧袖上装。

腰粗的人应选肩部较宽的衣服，以产生肩宽腰细的效果，女士不宜穿腰间打褶的裙，不要把衬衫扎进裙子或裤腰中。

腿较短的人，可以选择上衣较短，裤稍长的服装。腿较粗的人，宜穿上下同宽的深色直筒裤，过膝的直筒裙，不宜穿太紧的裤、太短的裙。

服装的面料及质地不同，花型不同，会造成成大小形象上的不同感觉。像粗呢、厚毛料、宽条绒等，这些面料如使用不当，使胖人看上去更胖，增加笨重感觉。发亮的料子，比如绸缎和一些化纤面料，使人看上去丰满，胖人穿上也会显得更胖。

大花型的面料有扩张的效果，它使瘦人看上去丰满超级。小花型的面料能使丰满的人看上去苗条些。花色面料还可以适当修饰体型有缺陷的部分。比如女士胸部不够丰满，可穿花色上衣弥补。

家常穿着不可马虎

家庭小气候在许多方面取决于我们在家中穿着得漂亮和方便到什么程度。家常衣服的审美水平正确无误地反映着我们的受教养程度，直接地影响到交际的水平和家庭关系的牢固程度。所有这一切都是互相联系的。

有些人错误地认为，在家里可以穿得马马虎虎，说是反正没有人看见。这是对自己、对父母的不尊重，给弟弟妹妹作出坏榜样。

在家里穿着适宜是使我们自己的身心感觉良好所必需的。同时，家常衣服应当是这样的：穿上它可以在住所里方便地整理房间、做饭、从事修理鞋子和电器用具，以及工作之后进行休息。

适宜于姑娘穿着的是，由色彩鲜艳的棉织物做成的、价格不贵的、现代式样的罩衫；无袖长衣或裤子与轻便短上衣及背心；色彩鲜艳的三角头巾或头上的扎带。脚上可以穿整洁的室内软底便鞋。她穿着这样的服装可以接待女朋友，顺便来看看她的熟人，与朋友一起坐着喝杯咖啡，到走廊、院子、花园里去。到厨房做事可以穿上围裙和把头发藏在头巾下面。整理房间可以穿上运动服。

男青年比较适合穿运动式样的轻便自由的服装。这就是不塞入裤腰的衬衣、足球衫、背心、编结的绒线衫、无领衫、运动裤和软底便鞋。

睡衣只用于睡觉。穿着睡衣接待客人和在院子里、自己家门旁散步是极不体面的。但是有些姑娘带着卷发轴、穿着从其下面露出睡衣的家常罩衫走到街上，顺便还去邻居家串门，对此却并不感到难为情。男青年穿着破衬衫、汗衫走到街上去抽烟。这种行为不会使他们有好名声。

着装必须兼顾的五个方面

着装，即指服装的穿着。严格地说，它既是一门技巧，更是一门艺术。站在礼仪的角度上来看，着装是一门系统工程，它不仅仅单指穿衣戴帽，更是指由此而折射出的人们的教养与品位。

从本质上讲，着装与穿衣并非是一回事。穿衣，往往所看重的是服装的实用性。它仅仅是马马虎虎地将服装穿在身上遮羞、蔽体、御寒或防暑而已，而无须考虑其他。着装则大不相同，着装实际上是一个人基于自身的阅历、修养或审美品位，在对服装搭配技巧、流行时尚、所处场合、自身特点进行综合考虑的基础上，在力所能及的前提下，对服装所进行的精心选择、搭配和组合。在各种正式场合，不注意个人着装者往往会遭人非议，而注意个人着装的人则会给他人以良好的印象。

依照社交礼仪，着装要赢得成功，进而做到品位超群，就必须兼顾其个体性、整体性、整洁性、文明性、技巧性。对这五个方面，一点都不能偏废。

1. 个体性

正如世间每一片树叶都不会完全相同一样，每一个人都具有自己的个性。在着装时，既要认同共性，又绝不能因此而泯灭自己的个性。着装要坚持个体性，具体来讲有两层含义：第一，是着装应当照顾自身的特点，要做到“量体裁衣”，使之适应自身，并扬长避短。第二，是着装应创造并保持自己所独有的风格，在允许的前提下，着装在某些方面应当与众不同。切勿穷追时髦，随波逐流，使个人着装千人一面，毫无特色可言。

2. 整体性

正确的着装，应当基于统筹的考虑和精心的搭配。其各个部分不仅要“自成一体”，而且要相互呼应、配合，在整体上尽可能地显得完美、和谐。若是着装的各个部分之间缺乏联系，“各自为政”，它哪怕再完美也毫无意义。着装要坚持整体性，重点是要注意两个方面。其一，要恪守服装本身约定俗成的搭配。例如，穿西装时，应配皮鞋，而不能穿布鞋、凉鞋、拖鞋、运动鞋。其二，要使服装各个部分相互适应，局部服从于整体，力求展现着装的整体之美，全局之美。

3. 整洁性

在任何情况之下，人们的着装都要力求整洁，避免肮脏或邋遢。着装要坚持整洁性，应体现于下述四个方面：首先，着装应当整齐。不允许它又折又皱，不熨不烫。其次，着装应当完好。不应又残又破，乱打补丁。至于成心自残的“乞丐装”，在正式场合亦应禁穿。再次，着装应当干净，不应当又脏又臭，令人生厌。以任何理由搪塞应付而穿脏衣，都没有道理。最后，着装应当卫生、对于各类服装，都要勤于换洗，不应允许其存在明显的污渍、油迹、汗味与体臭。

4. 文明性

穿着服装，是人与兽的一大区别。在日常生活里，不仅要做到会穿衣戴帽，而且要努力做到文明着装。着装的文明性，主要是要求着装文明大方，符合社会的道德传统和常规做法。它的具体要求，一要忌穿过露的服装。在正式场合，袒胸露背，暴露大腿、脚部和腋窝的服装，应忌穿。在大庭广众之前打赤膊，更在禁止之列。二要忌穿过透的服装。倘若使内衣、内裤“透视”在外，令人一目了然，昭然若揭，当然有失检点。若不穿内衣、内裤，则更要禁止。三要忌穿过短的服装。不要为了标新立异，而穿着小一号的服装。更不要在正式场合穿短裤、小背心、超短裙这类过短的服装。它们不仅会使自己行动不便，频频“走光”、“亮相”，而且也失敬于人，使他人多有不便。四要忌穿过紧的服装。不要为了展示自己的线条而有意选择过于紧身的服装，把自己打扮得像“性感女郎”，更不要不修边幅，使自己内衣、内裤的轮廓在过紧的服装之外隐隐约约。

5. 技巧性

不同的服装，有不同的搭配和约定俗成的穿法。例如，穿单排扣西装上衣时，两粒纽扣的要系上面一粒，三粒纽扣的要系中间一粒或是上面两粒。女士穿裙子时，所穿丝袜的袜口应被裙子下摆所遮掩，而不宜露于裙摆之外。穿西装不打领带时，内穿的衬衫应当不系领扣，等等。这些，都属于着装的技巧。着装的技巧性，主要是要求在着装时要依照其成法而行，要学会穿法，遵守穿法。不可以不知，也不可以另搞一套，贻笑大方。

今天你应穿什么颜色衣服

把色彩心理学的研究应用到服饰上，确实能达到某些实用性的效果。服饰的色彩是抽象的语言，它能在你尚未开口讲话前，就传递一些特定的讯息给对方，让对方产生相关的联想，甚至引起某些细微的反应。

一般而言，“中性色”是最适穿的颜色，适合用来当专业穿着的主色。穿对色，好处多，以下，就为你介绍各种中性色服饰色彩语汇：

黑　色

黑色象征权威、高雅、低调、创意；也意味着执著、冷漠、防御，要视服饰的款式与风格而定。黑色为大多数主管或白领专业人士所喜爱，当你需要极度权威、表现专业、展现品味、不想引人注目或想专心处理事情时，例如高级主管的日常穿着、主持演示文稿、在公开场合演讲、写企划案、创作、从事跟“美”、“设计”有关的工作时，可以穿黑色。

灰　色

灰色象征诚恳、沉稳、考究。其中的铁灰、炭灰、暗灰，在无形中散发出智能、成功、强烈权威等强烈讯息；中灰与淡灰色则带有哲学家的沉静。当灰色服饰质感不佳时，整个人看起来会黯淡无光、没精神，甚至造成邋遢、不干净的错觉。灰色在权威中带着精确，特别受金融业人士喜爱；当你需要表现智能、成功、权威、诚恳、认真、沉稳等场合时，可穿着灰色衣服现身。

白　色

白色象征纯洁、神圣、善良、信任与开放；但身上白色面积太大，会给人疏离、梦幻的感觉。当你需要赢得做事干净利落的信任感时可穿白色上衣，像基本款的白衬衫就是粉领族的必备单品。

海军蓝（深蓝色）

海军蓝象征权威、保守、中规中矩与务实。穿着海军蓝时，配色的技巧如果没有拿捏好，会给人呆板、没创意、缺乏趣味的印象。海军蓝适合强调一板一眼具执行力的专业人士。希望别人认真听你说话、表现专业权威时，不妨也穿深蓝色单品，例如：参加商务会议、记者会、提案演示文稿、到企业文化较保守的公司面试、或讲演严肃或传统主题时。

褐色、棕色、咖啡色系

褐色、棕色、咖啡色系典雅中蕴含安定、沉静、平和、亲切等意象，给人情绪稳定、容易相处的感觉。没有搭配好的话，会让人感到沉闷、单调、老气、缺乏活力。当需要表现友善亲切时可以穿棕褐、咖啡色系的服饰，例如：参加部门会议或午餐汇报时、募款时、做问卷调查时。当不想招摇或引人注目时褐色、棕色、咖啡色系也是很好的选择。

红　色

红色象征热情、性感、权威、自信，是个能量充沛的色彩——全然的自我、全然的自信、全然的要别人注意你。不过有时候会给人血腥、暴力、忌妒、控制的印象，容易造成心理压力，因此与人谈判或协商时则不宜穿红色；预期有火爆场面时，也请避免穿红色。当你想要在大型场合中展现自信与权威的时候，可以让红色助你一臂之力。

粉红色

粉红象征温柔、甜美、浪漫、没有压力，可以软化攻击、安抚浮躁。比粉红色更深一点的桃红色则象征着女性化的热情，比起粉红色的浪漫，桃红色是更为洒脱、大方的色彩。在需要权威的场合，不宜穿大面积的粉红色，并且需要与其他较具权威感的色彩做搭配。而桃红色的艳丽则很容易把人淹没，也不宜大面积使用。当你要和女性谈公事、提案，或者需要源源不绝的创意时、安慰别人时、从事咨询工作时，粉红色都是很好的选择。

橙　色

橙色富于母爱或大姐姐的热心特质、给人亲切、坦率、开朗、健康的感觉；介于橙色和粉红色之间的粉橘色，则是浪漫中带着成熟的色彩，让人感到安适、放心。但若是搭配俗气，会给人婆婆妈妈的感受。橙色是从事社会服务工作时，特别是需要阳光般的温情时最适合的色彩之一。

黄　色

黄色是明度极高的颜色，能刺激大脑中与焦虑有关的区域，具有警告的效果，所以雨具、雨衣多半是黄色。艳黄色象征信心、聪明、希望；淡黄色显得天真、浪漫、娇嫩。提醒你，艳黄色有不稳定、招摇，甚至挑衅的味道，不适合在任何可能引起冲突的场合如谈判场合穿着。黄色适合在任何快乐的场合穿着，譬如生日会、同学会；也适合在希望引起人注意时穿着。

绿　色

绿色给人无限的安全感受，在人际关系的协调上可扮演重要的角色。绿色象征自由和平、新鲜舒适；黄绿色给人清新、有活力、快乐的感受；明度较低的草绿、墨绿、橄榄绿则给人沉稳、知性的印象。绿色的负面意义，暗示了隐藏、被动，不小心就会穿出没有创意、出世的感觉，在团体中容易失去参与感，所以在搭配上需要其他色彩来调和。绿色是参加任何环保、动物保育活动、休闲活动时很适合的颜色，也很适合做心灵沉潜时穿着。

蓝　色

蓝色是灵性知性兼具的色彩，在色彩心理学的测试中发现几乎没有人对蓝色反感。明亮的天空蓝，象征希望、理想、独立；暗沉的蓝，意味着诚实、信赖与权威。正蓝、宝蓝在热情中带着坚定与智能；淡蓝、粉蓝可以让自己、也让对方完全放松。蓝色在美术设计上，是应用度最广的颜色；在穿着上，同样也是最没有禁忌的颜色，只要是适合你“皮肤色彩属性”的蓝色，并且搭配得宜，都可以放心穿着。想要使心情平静时、需要思考时、与人谈判或协商时、想要对方听你讲话时可穿蓝色。

紫　色

紫色是优雅、浪漫，并且具有哲学家气质的颜色。紫色的光波最短，在自然界中较少见到，所以被引申为象征高贵的色彩。淡紫色的浪漫，不同于粉红小女孩式的，而是像隔着一层薄纱，带有高贵、神秘、高不可攀的感觉；而深紫色、艳紫色则是魅力十足、有点狂野又难以探测的华丽浪漫。若时、地、人不对，穿着紫色可能会造成高傲、矫揉造作、轻佻的错觉。当你想要与众不同，或想要表现浪漫中带着神秘感的时候可以穿紫色服饰。

言谈举止礼仪

谈吐礼仪

语言是人类的交际工具和思维工具，是人们沟通信息、交流思想、联络感情、建立友谊的桥梁。语言是我们所知道的最庞大最广博的艺术。在日常生活中，表达同样一个意思，在语言上却有美丑之分、文野之别。谈吐礼仪的目的是通过传递尊重、友善、平等的信息，给人以美的感受。语言礼仪与一般语言的不同在于它不能使用侵犯他人的攻击性语言，而是通过文明、礼貌的语言建立起情感沟通的纽带。在使用轻松、诙谐、明快、幽默、委婉、庄严、赞美的语言所营造的自然、愉快、兴奋、亲切、可敬和舒畅的氛围中培植和增进友谊。

鲁迅说："语言有三美：意美的感心，一也；音美的感官，二也；形美的感目，三也。"对于形美（体态语言）的要求在举止礼仪中基本体现，这里着重介绍音美和意美。

1. 声音美

声音在语言中的地位相当重要。语言情感的语音表现主要集中在有声语言上，以声传意，以声传情。谈吐礼仪要求人们在讲话时要用有魅力的声音，给人以美的享受。要使自己说话的声音充满魅力，起码要做到两点：第一，要在乎自己说话的声音。第二，每天不断地练习自己说话的声音，而且应从以下几个方面坚持不懈地努力：

（1）音量大小适中。讲话时声音不宜过高，音量大到让人听清即可，明朗、低沉、愉快的语调最吸引人，放低声音比提高嗓门声嘶力竭地喊听起来让人感到舒适。所以语调偏高、音尖的人应该设法练习变为低调。当然这要把握适度，声音太低太轻也不易让人听清楚，那也不好。

（2）语调柔和。在社交场合中，一般以柔言谈吐为宜。尽可能使声音听起来柔和，避免粗厉尖硬的讲话，以理服人，而不是以声、以势压人。理直气和更能诚服于人。语言美是心灵美的语言表现。“有善心，才有善言”，因此要掌握柔言谈吐，首先应加强个人的思想修养和性格锤炼。

（3）讲话速度快慢适中。讲话时，要依据实际情况的需要调整快慢，讲话速度最好不要过快（特别是有分量的谈话内容），应尽可能娓娓道来，给他人留下稳健的印象，也给自己留下思考的余地。

（4）抑扬顿挫。讲话时应注意音调的高低起伏、抑扬顿挫以增强讲话效果。应避免平铺直叙过于呆板的音调，这种音调让人听着乏味达不到预期的效果。任何一次讲话，速度的变化，音调的高低，抑扬顿挫，就像一首交响乐，搭配得当才能和谐动人。

（5）吐字清晰，声音清亮圆润，段落分明。讲话时应吐字清晰、段落分明，避免含糊其辞、咬字不清和咬舌的习惯。宁可把讲话的速度放慢，也要把话说清楚。

（6）要使自己的声音美，不仅指嗓音的动听甜美，更重要的是如何正确发音，使自己的语言保持抑扬顿挫的声调，快慢适中的速度，自然地表达丰富的思想感情。特别是青少年学生应该在学生时期养成讲普通话的习惯，训练自己一口标准流利的普通话。有口吃、谈吐不清晰习惯的人，要下决心纠正此缺点，较好的方法是练习大声的朗读，只要坚持不懈的、科学的勤学苦练，一定会提高自己的谈话水平。

2. 谈吐文雅

谈话文明礼貌的基本原则是尊重对方和自我谦让。

（1）态度诚恳亲切。谈话中要给对方一个认真、和蔼、诚恳的感觉。因为说话时的态度是决定谈话成功与否的重要因素。谈话时交谈双方都互相观察注意着对方的表情、神态，反应极为敏感，稍有不慎就会使谈话不欢而散或陷入僵局。当别人遇到不幸时你去看望安慰，你的表情一定要同情、专注；别人有了成绩你去祝贺，你的表情就要真诚、热情、愉快。如果你三心二意、心不在焉就是失礼，会引起别人的反感。

（2）措词要谦逊文雅。措词的谦逊文雅体现在两个方面：对他人大多用敬语、敬辞，对自己则应用谦语谦词即外敬内谦。敬语与谦语是相对的。因为一个会尊重他人的人必然是自谦的；反之一个狂妄自大的人，也绝不会尊重别人。常用的敬语有“请”、“您”、“阁下”、“尊夫人”、“贵方”等等。如“请您稍候”、“请帮我一下”、“请多关照”、“请留步”等等。这些话中的“请”字不是多余的，多含有谦虚、尊重对方的意思，或使语气委婉。尤其是用在指令性的句子中会分外显得有礼貌，不生硬，有很好的语气调节作用。

敬语是表示恭敬和敬仰的词语，在使用时应注意下列几点：

（1）适用场合。敬语主要用于四种场合：正规的社交场合；会议、谈判等公务场合；和师长或身份、地位较高的人交谈；和陌生人打交道的时候。

（2）根据不同对象使用不同敬语。敬语的使用要有针对性，要先看对象，然后选用恰当的敬语。比如你想问一位中国长者的年龄就可以说："您老高寿？""请问您老多大年纪了？"对平辈或年龄不太大的人则不适合如此发问，而应说："请问你多大年龄？"听到这类问话中国人都会高兴地回答你，因为这类问话很有礼貌。但是你如果直接去问一个外国人的年龄，他会很不愉快，认为这不礼貌，是对他的不尊重。如果需要问外宾年龄时，你应面带微笑，客客气气地说："××先生，我可以问一问您的年龄吗？"如果外宾高兴，他会马上回答。反之，他会回避这个问题，这时你就不要再追问。对外国女士，问年龄更要谨慎。

（3）尊重对方只有由衷地真诚地对人尊重，才能在语气上表现出恭敬之情。也就是"要心有所存，才口有所言"。其实尊重他人就是尊重自己，你敬人一尺，人才会敬你一丈。只有在一个相互尊重的环境里，人们才会更好地和睦相处。谦语亦称"谦词"，与敬语相对，是向人表示谦恭和自谦的一种词语。使用谦语和使用敬语一样，两者都体现了说话者本身的文明修养。谦语的用途比敬语稍少一些，主要用于书面语言之中，谦词和敬语的用法，过去有七字诀"家大、舍小、令外人。""家大、舍小"即指常用的自谦词。

3. 多使用雅语和礼貌用语

雅语是指一些比较文雅的词语，和"俗称"相对。雅语常在一些正规的场合以及一些有长辈或女性在场的情况下，被用来代替那些比较随便甚至粗俗的话语。多使用雅语，能体现出一个人的文化素养。在待人接物中，如招待客人端茶时，你应该说："请用茶"。如果还有点心招待，可以说："请用一些茶点"。假如你比别人先结束用餐，你应该向其他人打招呼说："请大家慢用"。雅语的使用不是机械的、固定的。只要你的言谈举止彬彬有礼，人们就会对你良好的个人修养留下深刻的印象。如：上厕所应看场合说雅语。中国人上厕所时习惯说："上厕所"、"上茅房"、"方便一下"等等，在大街上还可直截了当地向人询问："请问，哪有公共厕所？"但如果在一位陌生人家里做客，或有女士在场，就要文雅些，就必须这样说："我可以使用一下盥洗室吗?”或“请问洗手间在什么地方?”

在美国，男厕所叫“男士室”，女厕所叫“女士室”。在国外上厕所有很多说法，但却回避“厕所”二字，而是用“我想洗洗手”、“请稍候”、“请原谅我耽误您几分钟”之类的话代替。话一出口，大家心照不宣，彼此毫不见怪。但太直意地说“上厕所”则被认为是不文雅，特别是在上层、知识界更介意。使用雅语也要因人、因场合而有所区别，如在陌生人、长者、上级与朋友、熟悉人面前使用雅语时神态表情、声调就有所不同，仔细体味、把握，让雅语发挥最佳效果。养成使用礼貌用语的习惯是很重要的。“请”、“您”、“您好”、“谢谢”、“对不起”、“没关系”、“再见”，这七大礼貌用语人人都应重视，恰当地运用，它们会给人们的各种交往带来诸多方便。陌生人初次相识，说声：“您好，认识您很高兴”。彼此关系很快能融洽起来。国外一些文明国家的人们，即使互不相识，见面后也会彼此微笑致意问声：“您好!”在中国，人们见面时习惯问：“你吃饭了吗?”或者说：“你去哪儿?”以此表示问候致意。这种问候习惯，中国人一般都能适应。而对西方人来说，他们不但不用这些话来问候别人，甚至认为这样说是不礼貌的。西方人认为，如果你问对方吃饭了没有，就意味着你想邀他去就餐或吃点东西。假若你听到对方回答“没吃”而又不发出邀请，对方就会认为你在要弄他。如果你问他去什么地方，去干什么事情，他会认为你干涉他的私事。随着我国市场经济的发展，社会文明程度的提高，人们的文化修养也在提高，问候寒暄礼貌用语也越来越讲究。使用“您好”、“早安”、“晚安”、“身体好吗”、“一切顺利吗”等世界各国普遍通用的问候语的人越来越多。请记住，同所有相识的人见面时均应以得体的方式致意问候。

谈吐原则与艺术

谈吐原则：言谈应该遵循一定的规律和原则，做到言之有据、言之有理、言之有情、言之有文，才能使交谈达到理想的效果。

1. 明确的目的性原则

坚持“有意而言，意尽言止”、“话由旨遣”的原则，明确谈话目的，是取得成功交谈的前提条件。只有目的明确了，才知道应该准备什么话题和资料，采取何种谈话风格，运用哪些技巧，从而做到有的放矢，临场应变。如果谈话目的不明确，漫无边际，不仅浪费了时间，而且也是失礼的。所以谈话之前，预先想一想要获得的效果并为之努力，做好充分的准备工作是交谈成功的必备条件。

2. 对象性和适应性原则

谈话要有强烈的对象意识，适应语言表达的环境即适应语境，话因人异，根据谈话对象的年龄、性别、职业、社会地位、文化知识水平及思想状况区别对待。《汉书·艺术志·邓析》中有文：“夫言有术，与智者言，依于博；与博者言，依于辩；与辩者言，依于要；与贵者言，依于势；与富者言，依于豪；与贪者言，依于利；与勇者言，依于敢；与愚者言，依于说。”话讲得好不好，不仅要看话语是否恰到好处地表达了自己的思想感情，尤其还要看谈话内容是不是符合谈话对象的需要，对方是否乐于接受。好朋友碰到了不顺心的事，正在烦恼之中，这时，即使开一个很小的玩笑，也可能引起不快，宜表同情，多加劝导；与残疾人相处，更不宜说有伤对方自尊的话；喜庆场合，谈些天灾人祸、某人去世等倒霉话题不会受人欢迎；遇到正办丧事的人，只应讲些节哀的劝慰话。总之，交谈中多谈些对方喜欢听的话总是相宜的，人喜则语言易入，包括提建议，提出批评更要讲究方式、讲究艺术，注意环境与场合，让对方心悦诚服地采纳、接受。

3. 分寸性原则

在人际交往中，谈话要有分寸，认清自己的身份，适当考虑措辞，哪些话该说，哪些话不该说，哪些话应该怎样说才能获得更好的交谈目的，是讲究谈话礼仪应注意的。同时还要注意讲话尽量客观，实事求是，不夸大其词，不断章取义。讲话尽量真诚，要有善意，尽量不说刻薄挖苦别人的话，不说刺激伤害别人的话。

4. 忌谈话题不谈不问

人家不打听的消息，别随口乱提，人家不提的问题，别信口分析，这也是谈吐礼仪要遵循的原则。交谈时，一般不要涉及疾病、死亡灾祸等不愉快的事情，如果对方主动谈起，应诚意地表示关心、同情，说些有节制的劝慰语。不谈那些荒诞离奇、黄色淫秽的传闻。年龄、婚姻、住址、收入、经历、信仰等属于个人隐私的问题，交谈中一般不该径直深入询问。对方不愿意回答的问题不要追问，不刨根问底，不经意之间一旦提出对方反感的问题应表示歉意或立即转移话题。交谈时还应注意不直接批评长辈和身份高的人，注意亲疏有度，“交浅”不“言深”，是一种交际艺术。

交谈艺术

在一切使人喜悦的艺术中，说话的艺术占第一位，只有通过它才能使被钝化的感官获得新的乐趣。谈吐礼仪是通过优化语言来提高表达效果的，这就是谈吐艺术。优化语言的具体方法可因人、因时、因地而异，其主要方法有：委婉法、幽默法、模糊法和暗示法。

1. 委婉法

委婉是一种既温和婉转又能清晰明确地表达思想的谈话艺术。它的显著特点是“言在此而意在彼”，能够诱导对方去领会你的话，去寻找那言外之意。从心理学的角度来看，委婉含蓄的话，不论是提出自己的看法还是向对方劝说，都能比较适应对方心理上的自尊感，使对方容易赞同，接受你的说法。有些话，意思差不多，说法稍有不同，给人感觉却大不一样，如：谁——哪一位？不来——对不起，不能来。不能干——对不起，我不能做。什么事——请问你有什么事？如果不行就算了——如果觉得有困难的话，那就不麻烦你了。前者太直白，后者委婉动听了许多，让人容易接受。

2. 幽默法

“幽默”一词是英语 humour 的译音，起源于古罗马人的拉丁文，形成了古法文，最初是一个医学术语，指人的体液。这个词演变为美学范畴的一种特定含义，是 16 世纪以后的事情。幽默是在一定的语言条件下，通过语言反常组合来实现的，它与讽刺、否定性滑稽的不同之处在于它所持的是温和与宽容的态度，而后者则是尖刻、辛辣的、不友好的，幽默和语言礼仪在目的和功能上是一致的。说到笑，人们自然会想到幽默，它是笑的精华，而幽默又不仅仅在于博人一笑，它是一个人智慧的表现，它充满着敏锐、机智、友善和诙谐，幽默有折射与引申，有喻世的针砭和讽刺，在会心的笑声中启人心智，让人

莎士比亚（1564 ~1616）

在笑声中反省自己，感悟真谛。幽默之所以有力量，是因为幽默本身与智慧密切相关，莎士比亚说：“幽默和风度是智慧的闪现。”有幽默感的人大都是知识修养高、机智、聪慧的人。要成为一个富有幽默感的人不是很容易，要有自信、乐观、豁达、积

极向上的性格，要有真诚善良、成人之美的品质和丰富渊博的知识。但要记住：幽默是生活中的调味品而非食物。幽默多一分便成为油滑，少一分则成为做作。

3. 模糊法

模糊，是自然界中物体类别之间的一种客观性，这种客观性，导致了人们认识中关于对象、类属、边界和情态的不确定性。模糊性是语言的基本特征之一。在自然语言中，句子所使用的词大部分是模糊词，如汉语中的概数词上下、左右、前后、多少、多日、多次等，副词马上、非常、刚刚、永远、略微等。时间名词拂晓、白天、黄昏、深夜、现在、过去等等都是模糊词。模糊法是运用不确定的或不精确的语气进行交际的办法。波兰语文学家沙夫在《语文学引论》一书中说："交际需要词语的模糊性，这听起来似乎是很奇怪的，但是假如我们通过约定的方法完全消除了词语的模糊性……那么我们就会使我们的语言变成如此贫乏，就会使它的交际和表达的作用受到如此大的限制，而其结果就是摧毁语言的目的，人们交际就很难进行，因此我们用以交际的工具遭到了损害。"

4. 暗示法

暗示是一种信号化的刺激，表示"不公开地隐蔽地给人以启示"。从社会心理学角度来看，暗示是在无对抗的条件下用含蓄、间接的方法对人的心理和行为产生影响。暗示法是通过语言、行为或其他符号把自己的意向传递给他人，并引起反应的方法。如某处挂一标牌：此处放自行车将被放气拔气门芯。用幽默的语言暗示人们此处不能存放自行车。暗示法可以通过人的语言形式、表情来施授，也可以通过情境（视觉符号、声音符号）施授。暗示法是交际语言中很有效的艺术。

别人讲话时你该怎么听

在人际交往中，多听少说，善于倾听别人讲话是一种高雅的素养。因为认真倾听别人讲话，表现了对说话者的尊重，人们也往往会把忠实的听众视作可以信赖的知己。

聆听别人讲话，必须做到耳到、眼到、心到，同时还要辅以其他的行为和态度，不少社会学家和心理学家从人际关系角度进行研究，提出了以下聆听技巧：

（1）注视说话者，保持目光接触，不要东张西望。

（2）单独听对方讲话，身子稍稍前倾。

（3）面部保持自然的微笑，表情随对方谈话内容有相应的变化，恰如其分地频频点头。

(4) 不要中途打断对方，让他把话说完。

(5) 适时而恰当地提出问题，配合对方的语气表述自己的意见。

(6) 不离开对方所讲的话题，但可通过巧妙的应答，把对方讲话的内容引向所需的方向和层次。

人生需要甜言蜜语

心理学家吴静吉发现，很多人尽管了解甜言蜜语有多重要，做起来却觉得困难重重。因为，爱你在心口难开，不知如何表达；而且觉得肉麻，同时也怕被误会为“拍马屁”、谄媚。而且，中国人做起来要比美国人不自在，年纪大的要比年纪小的难以启口，自以为是的人更是难以说出别人的优点。但是同一个工作单位人如果经过20小时有效训练后，团体合作的成效提高：每个人自信心增强、沟通容易，即使发生误解，也容易直接表达，而让误会冰释。如何赞美显然需要学习：

1. 赞美要真诚，而且不能期望有所回报

《中华日报》副主笔吴涵碧刚进报社，就被指定为儿童写历史故事，前途不被看好，别人教她买书抄一抄即可，但吴涵碧查古书，做了好几抽屉的卡片，写出现代版的历史故事。当时的韩国大使朱抚松的夫人，也就是著名的记者兼作家徐钟佩，回台湾拜望老师马星野，“她在报上说到吴姐姐讲故事非常好”，马星野很诧异地跟徐钟佩说：“作者就是我的外甥呀。”

“这是我进社会得到的第一个大鼓励，若她先知道我是谁的亲戚而赞美，感觉会不一样的，更何况是我最崇拜的新闻界前辈，”吴涵碧说，有时碰到挫折不想再写时，“想到徐阿姨喜欢，就一直写下去。”20年来共写了1100多个故事连载，出书50本。在《窈窕淑女》原著小说里，作者萧伯纳安排外表邋遢、谈吐举止粗俗的卖花女，虽获教授调教，却跟上校私奔，她说：“你才是真正把我变成淑女的人，我在教授面前仍忍不住想做粗鲁动作，但你的真心赞赏，使我想活出你心目中的样子。”

2. 敏锐认知别人的优点

黑幼龙40岁时是个工程师，有两个部属，但在认识了光启社的丁松筠神父后，丁神父告诉黑幼龙，“你有潜能做领导人物，因为你勇于从错误中学习，可有所作为，应走出来换行。”点醒了黑幼龙重新思考，“我自己都不知道自己的领导潜力。”6个月后黑幼龙做光启社副社长，带领不同部门150个人，还制作了脍炙人口的“新武器大观”等电视节目，虽然薪水只有以前一半，却自觉像找

到一块园地，发现自己许多新本事，以及满足感与归属感，既不觉得累也不觉得苦。这次经验促使黑幼龙后来走入训练人才潜能的行业。

当侯文咏还是医学院学生时，写了篇《不考试真好》，吴涵碧边看边笑，觉得这人真有趣，找他写故事书，一定叫好又叫座，想办法得到他的电话，天天打给他，半年后侯文咏的弟弟接听电话，才知他去澎湖服兵役。吴涵碧又费力打通军用电话，跟侯文咏说出她对他的赞赏。这番“全省大通缉”后，侯文咏持续替《中华日报》写文章，后来出书，果然受读者欢迎。吴涵碧说，当她经过书店，看到不论大人小孩也在边看边笑，“我知道自己做对了，看到别人好，就要对他讲出来，其实每个人都应如此，做别人的啦啦队长。”她谦称她是从徐钟佩学来的。

3. 赞美到靶心要先观察

赞美像打靶，三个同心圆，从最外圈的外表，到第二层的成就与性格，到第三圈的潜力（连本人都未察觉的潜能），一般人能打中第二圈，就已不得了，丁松筠与吴涵碧为何还能打中第三圈，识人所未识？答案就在观察。丁松筠说，他平时就对人感兴趣、有关心，就会留意，只要细心观察一定可以找出他的优点，当然也可以找出缺点，就看你的方向。会关心别人，会对他留意，源于爱心，或深信不疑的想法。丁松筠10岁丧父后，怀疑人生的意义，但从母亲对他的爱，以及思索人生方向，终而从圣经得到答案，效仿耶稣，有很多爱的能力，我希望我能在认识一个人40分钟后，一定让他知道他特别可爱的一面，多年下来，成为习惯。在他看来，甜言蜜语固然可以直接讲出来，但间接也很重要，看着他，仔细听他说，重视他说的每句话，注意他的身体状况，例如他脚痛，表现你的关心。丁松筠做到了心理学家所说的原则，专注的倾听，是我们所能给人的最高赞词。吴涵碧从小喜欢看故事书，觉得其实大人也有童心，一心想出版大人小孩都爱看的书，但坊间儿童读物倾向说教，很多大人又不懂幽默，只会讲黄色笑话，所以一看到侯文咏的作品，如获至宝。

4. 精确不能多

多了就变成客套话。避免用模糊的字眼、陈词滥调，否则听的人会当做社交寒暄应酬语，随口应付一番，不以为意。

吴静吉发现，大多数人常以笼统的方法赞美别人，稀释了赞美的功效。很多人在说别人优点时，常说外表，以及与工作无关的字眼，像酒量很大、很会穿衣服，以及一些笼统的字眼，如心地善良、工作认真、活泼好动——就像读小学中学时，老师在成绩单上的评语一样泛泛。吴静吉教大家用“优点轰炸法”，学习如何找别人优点，团体围坐，一人坐在中间，众人眼睛看着被赞美的那人，尽量用具体的经验和实例，直接告诉他你有什么优点。

“把别人的优点列举出来，也可以对自己做，每天早上开始记录自己的优点，不记缺点。一天下来你会发现很多自己的优点，慢慢开始欣赏自己，增加信心。了解自己的优点后，将自己的优点表现出来，别人自然会注意你的优点，你也就在不知不觉中引导别人欣赏你的优点。”吴静吉说。

5. 散播二手赞赏

把某人对某人的称赞，转述给被赞美的人，三者都成赢家。知道被别人赞美令人士气大增，因为所听到的只是原版的一部分，想象完整版是多么的赞赏有加，怎能不令人心花为之怒放呢！称赞的人当然开心且被衷心感激，转述的人享受到目睹别人开心的愉悦。由企业经营者与专业人士组成的国际扶轮社，各行各业领袖之所以愿意轮流被别人领导，合力完成活动，魅力即在扶轮社社友之间善用赞赏，而且不吝散播彼此所听到的赞赏。

6. 问问题，找到肯定别人的施力点

黑幼龙说，这是亲子沟通最好用的一招，问儿女：“最近两个月你最开心的事”，你一定会听到令你大吃一惊，非赞美他不可的事情，那你赶快赞美他。黑幼龙的儿子告诉他，最近在学校里协助残障同学上厕所，“你这么好，”做爸爸的由衷夸儿子，两人都好高兴，“教养儿女，我只做了这点，结果很不错。”他说。

7. 常练习对别人说甜言蜜语

想起来难，做起来其实不那么难，秘诀在于练习以养成习惯，一旦得到正面肯定，你会从此擅用这个魔术棒。因为上人际关系课程，需要做功课以便向老师同学报告，一位任职中华电信的男士，从台北回屏东家里，要向妈妈说句感谢的话，但整个周末磨蹭过去，都说不出来。直到该回台北的最后一秒钟，他终于鼓足勇气对妈妈说了，没想到老妈一把抱住他，母子二人搂在一起，把妈妈抱在怀里，发现她那么瘦小，疼惜的感觉永难忘怀。他说经过这次的家庭作业，现在他们见面无话不谈，容易说出对对方的关心与感情。

8. 把感谢与赞美写出来

既可以让人重复享受，也确保你对他的善意具体可见。人际关系专家端提就建议说，第一，买一叠邮票，标上“赞美信专用”，写封信马上寄出。对于不知如何表达情感的配偶、父母、上司或部属，可以这么写：“谢谢你们所做的一切，我不常把谢谢挂在嘴边，但我真的很感谢你们对

我的爱与关怀。”

其次，去逛逛卡片店，当你阅读卡片上的字句时，你会发现眼前跳出许多亲友的名字和面孔，以及好久不曾想起的一些人。赶紧签了名寄出去，“将来会让你后悔的，只有那些你没寄出的卡片。”端提认为，要建立亲密关系，没有比在重要日子寄上几句肯定的言语更好的方法了。只花五分钟、几块钱，你的话就可以使另一个人生命添加色彩，甚或带来好运，这是惠而不费的慈善。

正话反说的奇效

说出来的话，所表达的意思与字面完全相反，就叫正话反说。如字面上肯定，而意义上否定；或字面上否定，而意义上肯定。这也是产生幽默感的有效方法之一。

有一则宣传戒烟的公益广告，上面完全没提到吸烟害处，相反地却列举了吸烟的四大好处：一省布料：因为吸烟易患肺痨，导致驼背，身体萎缩，所以做衣服就不用那么多布料；二可防贼：抽烟的人常患气管炎，通宵咳嗽不止，贼以为主人未睡，便不敢行窃；三可防蚊：浓烈的烟雾熏得蚊子受不了，只得远远地避开；四永葆青春：不等年老便可去世。

这里说的吸烟的四大好处，实际上是吸烟的害处，却显得很幽默，让人们从笑声中悟出其真正要说明的道理，即吸烟危害健康。

秦朝的优旃是一个有名的幽默人物。有一次，秦始皇要大肆扩建御园，多养珍禽异兽，以供自己围猎享乐。这是一件劳民伤财的事，但大臣们谁也不敢冒死阻止秦始皇。这时能言善辩的优旃挺身而出，他对秦始皇说：“好，这个主意很好，多养珍禽异兽，敌人就不敢来了，即使敌人从东方来了，下令麋鹿用角把他们顶回去就足够了。”秦始皇听了不禁破颜而笑，并破例收回了成命。

优旃之所以成功地劝服秦始皇，主要是使用了幽默的力量。他的话表面上是赞同皇上的主意，而实际意思则是说如果按皇上的主意办事，国力就会空虚，敌人就会趁机进攻，而麋鹿是没有能力用角把他们顶回去的。这样的正话反说，因为字面上赞同了秦始皇，优旃足以保全自己；而真正的含义，又促使秦始皇不得不在笑声中醒悟，从而达到了他的说服目的。

用十秒钟讲，用十分钟听

一般人在交谈中，倾向于以自己的意见、观点、感情来影响别人，因而往往谈个不停，似乎非如此无法达到交谈的目的。实际上，与人交谈，光做一个好的演说者不一定成功，还须做一个好的听众。只有善于聆听的人，才懂得“三人行，必有我师”的道理，才能够利用一切机会博采众长，丰富自己，而且能够留给别人讲礼貌的良好印象。

外国曾有谚语说“用十秒钟的时间讲，用十分钟的时间听”。而在人们面对面的交谈中，讲与听是对立统一的，认真地去听，可以收到良好的谈话效果。因为听，同样可以满足对方的需要。认真聆听对方的谈话，是对讲话者的一种尊重，在一定程度上可以满足对方的需要，同时可以使人们的交往、交谈更有效，彼此之间的关系更融洽。能够耐心地倾听对方的谈话，等于告诉对方“你是一个值得我倾听你讲话的人”，这样在无形中就能提高对方的自尊心，加深彼此的感情。反之，对方还没有把将要说的话说完，你就听不下去了，这最容易使对方自尊心受挫。

与此同时，听还可以了解对方是否真正理解你说话的含义。听，可以获得必要的信息。注意聆听别人的讲话，从他说话的内容、声调、神态，可以从中了解对方的需要、态度、期望和性格，他们会自然地向你靠近，这样你就可以与很多人进行思想交流，建立较广泛的人际关系。

注意倾听别人讲话，还可以同时思考自己所要说的话，整理自己的思想，寻找恰当的词句，以完善地表达自己的意见，给人鲜明的印象。因此，从某种意见上说，在社交场合受大家欢迎的人，人人都爱与之交谈的人，并不仅仅在于他能说会道，而重要的是他会听。因为交谈中只有既讲又听才可以满足双方的需要，也只有如此，才能使交谈顺利进行。如果只顾自己讲，不想听对方说，则一定是交谈中的“自私者”，当然会被人拒之门外。

玛丽莲·梦露的妙语

好莱坞已故影星玛丽莲·梦露（1926～1962）被誉为世纪的神话。但许多人只把她当做一个头脑简单的性感尤物，殊不知，梦露也有机智聪慧、反应敏锐、口才出色的一面。

梦露和迪马·乔蜜月旅行住在夏威夷帝国饭店里，两百名警察拼命抵挡饭店外汹涌而来的人群，因为这些人等不到玛丽莲在阳台上出现就不罢休。梦露开心地说：“我觉得我就跟战时新闻片里的某个独裁者似的。”

梦露是孤儿，到处受冷遇，她心灵上很早就笼罩着寂寞的阴影。她后来借助一句电影台词表达了被抛弃孤儿的心情：“你知道三个月对一个孤儿而言是何等漫长。”一语道尽了她成长的辛酸和寂寞。

梦露在去世前几个月，在同记者谈话时，她沉思道：“我不知道我到50岁时会有何感想。”接着她的话头转向生日，她提到她是在双子座下出生的。

“‘双子座’指的是什么样的人?”记者问。

“就是‘化身博士’，一个人有两副面孔。”她回答说。

“你就是这样的人啦?”

“我可不止两副面孔，我是多副面孔。有时候这叫我吃惊，我希望我就是我！过去我常常想我快要疯了，后来我发现我所敬仰的那些人也都是如此。”

梦露在影片中所饰演的角色多是身不由己的。她曾这样“控诉”过：“好莱坞就是这样一个地方，用千金买你一吻，用5毛钱买你的灵魂。”时至今日，对于五六十年代的好莱坞影坛而言，这仍是最精辟的一句。

如何做到规范用语用字和推广使用普通话

使用规范的国家通用语言文字，是每个公民应履行的义务。要做好规范用语、用字，就必须认真贯彻语言文字的各项规范和标准，牢固树立语言文字规范意识，在工作中逐步消除社会用字的混乱现象。要做到不滥用繁体字，不乱造简体字，不乱造音译词，不乱取洋名、洋字号等等。正确使用祖国的语言文字应从自己做起，从现在做起。

推广普通话是社会主义精神文明建设的重要内容；社会主义市场经济的迅速发展和语言文字信息处理技术的不断革新，使推广普通话的紧迫性日益突出。由于我国是个幅员辽阔的多民族大国，全国有56个民族，13亿多人口，各地方言自成一体，不仅影响人们的正常交往，而且极大地妨碍经济的发展。大力推广普通话，不仅仅是一个语言问题，这对提高全民的文化素质，加速改革开放的步伐，加强各地区、各民族的团结与合作，扩大国际交往，促进社会主义现代化建设等，都具有重大的现实意义。

有效沟通的基本原则

1. 培养勇气和自信

当众演说的训练是一条通往自信的大道，一旦发现自己能当众对着人群说话，当你与他人交谈时，你就会发现具有了信心和勇气，这会使你前途无量，与他人有效的交谈，并赢得他们的合作，这是你前进中应该努力培养的一种能力。

要有一种强烈而持久的欲望。其实当众说话一点也不困难，只要遵循一些简单而重要的规则就行。需要自信，需要有在公开场合中表达自己能力的机会。

要充分明白自己要说些什么，要集中精力、保持自信和口角生风，要尽力培养一种能力，让别人能够窥视你的脑海和心灵。

要让信心伴随你的行动。要用你的欲望提升自己的热忱，用毅力磨平高山，要相信自己一定会成功。

最后就是要练习、练习、再练习！有人问萧伯纳，是如何学得声势夺人地当众演说时，他说："我是用学会溜冰的方法来做的——我固执地一个劲儿地让自己出丑，直到我习以为常。"

2. 充分准备带给你信心

害怕当众说话的主要原因，是你不习惯于当众说话。当你令人感觉很勇敢，那你就会表现得好像真的很勇敢。

其实害怕当众说话，不是你一个人才感受到的。登台时有某种程度的恐惧感反而会有一定好处，只是不要紧张，一般来说生理上的警觉会使你表达得更流畅。

要按照适当的方式准备。首先不要逐字地记忆演说的内容，其次要预先将自己的演说内容汇集整理，第三，有个万无一失的办法，就是在朋友面前预讲。

要对自己有把握。要将自己融入到自己演讲的题材中去，避免想令你不安的负面刺激，要给自己打气。

要表现得信心十足。

3. 有效说话的技巧

演讲不是背诵，是自己脑海及心灵的深掘，是对生命深处理念的提取，用你的心不会找不到听众的，唯有你熟悉的事情，你热衷的题材，才能快速轻易地当众表达。

要说自己经历或琢磨过的事。讲述生命对自己的启示，从自己的背景中找题目，比如早年的成长历程、早期欲求出人头地的奋斗、你的嗜好和娱乐、特殊的知识领域、不寻常的经历、信仰与信念等。

要对选择的题材充满热忱。如果有人当众反对，你是否会信心十足，热烈激昂地辩护，如果能，你选的题材就对了。如果你对演讲的题材提不起兴趣，那么最好换个题目。

激发听众与你产生共鸣。唯有演讲者使自己的演讲与活生生听众发生关联的时候，演讲的情况才会真正形成。

如何有效地提升你的沟通技巧

最近听到一些人说，"沟通很简单"，我并不赞同。谈话是很简单，但沟通意味着与别人的意见交流或是共享，这需要更高的技巧。与人交流要求我们巧妙地听和说，而不是无所顾忌地谈话。而与那些充满畏惧的人、怒火中烧的人或是遭受挫折的人交流就更难了，因为在这种情绪的控制下，我们会更加束手无策。但无论是在家里或是工作中，不要对自己在沟通上的障碍感到绝望或是放弃！擅长交流的人也是一点一点磨练出来的。这里我们给你提供了一些小的秘诀以供参考。

即使对方看上去是在对你发脾气，也不要对他还击。别人的情绪或是反应很可能和你一样是由于畏惧或是受到挫败而造成的。做一个深呼吸，然后静静数到10，让对方尽情发泄情绪，直至他愿意说出他真正在想的是什么。

你不必知道所有的答案，说我不知道也是很好的。如果你想知道什么就说出来，然后说出你的想法。或者你愿意与对方一起找出问题的答案。

对事实或感受做正面反应，不要有抵触情绪。例如说："多告诉我一些你所关心的事"或是"我了解你的失落"总比说："喂，我正在工作"或"这不是我分内的事"要好。掌握好每一次的交流机会，因为很多时候你可能因为小小的心不在焉而导致你与别人距离的疏远。

比起你的想法，人们更想听到你是否赞同他们的意见。好多人在抱怨人们不听他们说话，但是他们忘了自己本身也没有听别人讲话！你可以给出你的全部意见，以表示出你在倾听，并像这样说：a. "告诉我更多你所关心的事" b. "你所关心的某某事是怎么回事啊？" c. "我对你刚才说的很感兴趣，你能告诉我是什么导致你如此相信它的吗？" d. "你为什么对某某事感到如此满意？"

记住别人说的和我们所听到的可能会产生理解上的偏差！我们个人的分析、假设、判断和信仰可能会歪曲我们听到的事实。为了确保你真正了解，重说一遍你听到的、你的想法并问："我理解的恰当吗？"如果你对某人说的话有情绪反应，就直接说出来，并询问更多的信息："我可能没有完全理解你的话，我以我自己的方式来理解的，我想你所说的就是某某某的意思吧，这是你的意思吗？"

坦白承认你所带来的麻烦和失误。做事要承诺一个期限，如果你需要别人的协助，就用你的活力影响他们。例如，如果你要更新某人的电脑，并要在她的办公室工作，你可以说："我知道在这个不方便的时间打扰你很不礼貌，但我将感激你的合作。我们的维修工作可以使你的工作系统恢复正常，我们将会在下午3点钟到您那去，5点钟就会结束工作。"

如果没人问你，就不要指指点点。明知道说出来会对某人有好处的事但又不能说，真是会令人挠头。用婉转的表达方式，像"有可能是……"或"我也遇到过这种相似的状况，如果怎样就可以帮助解决，你要是认为有用的话，我愿意与你分享更多我的经验。"以上这些总比你说"你应该怎么怎么样"好得多。

求同存异。你们俩共同喜欢的是什么（尽可能不产生分歧）？把你的意见说出来以找出共同点。例如：

"我认为这个计划可以使你取得成功。"

记住改变会给人以压力。用你的热情影响你的雇员，他们就不会改变和失控。在这个混乱的世界里，这可以使我们平庸的生活变得更温馨。所以如果你在某人的周围，或者你需要他为你做什么，尽可能地告诉他你在什么时候需要什么帮助。如果可能的话，告诉他你也想帮助他。

思维活跃，精力集中。我们看问题的角度总是从自己出发，或是根据环境给出我们的经验。很多被认为是成功的人们，包括那些职业运动员、文人墨客，他们都有积极正面的思想。问问你自己，"这个东西好在哪?"或"从这里我能学到什么?"来保持积极的状态。别忘了要采取不同的减压方法来使你的工作更愉快。

大多数的人，包括你自己，都会以自我为中心。这也不是件坏事，这使得我们可以保护自己。不要假设谁会知道你的私心，把对你来说是最重要的事说出来，也问问别人什么对他们来说是最重要的，这会给你们的沟通打下良好的基础。

提高你的听力技巧。好多人认为他们的听力很好，但事实是大多数的人根本就没听——他们只是说，然后想下一步该说什么。倾听意味着提出好的问题，排除杂念，比如：下一步该说什么、下一个该见谁、外面怎么了之类的。如果有人话里带刺，经常是因为他的心里隐藏着恐惧，他们想要你做的只是真实、友好的交谈。

掌握道歉之道非常道

大多数人都曾受到这样的谆谆告诫：犯了错误就要道歉；方式可以不拘一格，但只要表示出了歉意，多数矛盾便可得到化解。然而，要想做出正确的道歉，尤其是在商业社会，可不像说一句"对不起"那么简单了。

道歉为什么重要

道歉如果得当，对个人名誉和人际关系均有促进作用。但如果方式欠妥，反而会错上加错，有时甚至会造成不堪设想的严重后果。

举个例子。在某公司的一次会议上，一位年资较浅的副总裁对管理团队中一位高级总裁提出了反对意见而且固执己见，引起这位总裁的强烈不满。这位高级总裁于是当着团队其他人的面对副总裁进行了攻击，对她冷嘲热讽，指责她智商有问题，批评她在公司遇到困难时动摇决心等等。当团队的其他成员向他指出应该为此道歉时，他却不予理睬，说什么："她不高兴我很遗憾，可我并没有错。她应该学会如何承受压力。"结果，事态更加恶化。

当一个人因冒犯他人而倍感尴尬并担心会失去颜面时，往往会这样避重就轻、闪烁其辞。实际上，道歉并不表示你的软弱，也不等于你就退缩了。相反，道歉是挽救名誉的一剂特效药。

道歉之所以重要有两个原因。首先，它可以修补关系。当双方的关系因其中一方的冒犯而产生裂痕时，道歉可以弥合这种裂痕。其次，道歉还可以挽回冒犯者的威信。但凡发生冒犯的事情，总会有人（不光是受害者，还有所有知情人）对冒犯者产生担忧和疑虑，甚至会怀疑他的人品。而有效的道歉会使人们相信冒犯者已经意识到这是一种无礼行为，它不太可能再发生了。

道歉为什么艰难

然而，公司和个人都经常会错失道歉所能带来的种种好处。NSTAR是美国新英格兰州的一家公共事业公司。它承认曾经在客户不知情的情况下，把将近24000家的用电客户的服务级别改为“默认”级，而选择这一级别的客户须额外付出很多费用。该公司向客户轻描淡写地表示：“如有不便，谨表歉意。”

但是，NSTAR的客户和公众真正关心的难道只是“不便”吗？当然不是。消息一经证实，客户和公众想到的是含糊其辞的空话和毫无诚信可言的欺骗，NSTAR的信誉一落千丈。该公司这种不着边际的道歉只能使它在公众心目中的地位更加低下。

解怨释嫌、修好关系不光对个人是件理所当然之事，对公司企业也是非常有意义的。可为什么有那么多的人、那么多的机构在这方面栽了跟头呢？

首先，大多数人觉得犯了错误是件令人尴尬的事情，而一旦身处窘境，人们会否认事实并且尽量大事化小。NSTAR公司便是如此。另一种情况是，冒犯者会尽量把责任推到受害者身上，正像那位高级总裁对资历较浅的副总裁所做的那样。

有时候即使是做了道歉，对方也很难感觉到，因为道歉一方所表现出的尴尬或愤怒已经使这种道歉变了味儿、走了形了。这可能会造成不堪收拾的后果。信誉一旦丧失，挽回可就难了。

什么是好的道歉

那么怎样才能做好道歉呢？道歉涉及三个因素：承认犯了错误或冒犯了对方，为此表示悔恨，承担相应的责任。你的道歉可以包括这三大要素，但是真诚有效的道歉也不必面面俱到，这完全视具体情况而定。

由于我们无法正确区分认错、悔恨和承担责任的差异，因此我们往往如同茫茫大海中的一叶孤舟，不知所措，觉得本应该不难做出的道歉，做时却感到如此痛苦而艰难。其实，事情本不该如此。比如在面对某一项过错时，即使责任并不在你，你也可以在另一方愤怒或吃惊时承认错误，或对所发生的冒犯表示悔恨，从而免遭他人指责。以下是道歉时应遵循的五大原则：

用词要清晰明了、准确无误，不可带有挑衅成分。道歉做得好，受害方会觉得：“是的，他知错了。”往往受害者所希望看到的是你勇于承担责任的态度和对错误的警觉，他要知道类似的事情不会再发生。

不要为无关痛痒的事情道歉。无论是个人还是机构，都喜欢投机取巧，为他们认为容易得到别人原谅的事情道歉；NSTAR 公司就是这种心理。实际上，如果冒犯一方道歉的事由与受害一方所认为的错误风马牛不相及时，那么道歉反而会使问题更加复杂。往好了说，人们会觉得冒犯者对问题本身仍是两眼一抹黑；往坏了说，别人会认为你是在故意歪曲事实。这就使得受害方旧伤未愈、又添新痛：一个是最初的冒犯行为，另一个是类似冒犯行为有可能再次发生的那种感觉。受害方会想：“我怎么可以接受这样的道歉呢？我这样做不反倒成了帮凶，使问题再度发生吗？”

选择恰当的道歉方式。要看是从职位对职位的角度去进行道歉更方便，还是从个人对个人的角度更好。如果你对要道歉的对象很气愤，可能从相应的工作或职位角度去设计如何进行道歉会更容易一些。例如，如果那位高级总裁对资历较浅的副总裁仍是怒气难消，他不可能从个人角度做出诚恳的道歉，但他可以从高级管理者对下级同事的角度向她道歉。他可以说：“我们俩都是在为一家优秀的公司工作。作为你的同事，对于我们个人之间的不同观点，我应该有更加宽容的心态。对不起，那天我说话太粗暴了。”像这样的道歉，即便是双方怒气未消，也多半会产生良好效果。在其他场合，个人对个人的道歉做起来会比较容易。比如，有人会觉得赔礼道歉有失身份。对于这些人来说，以个人对个人的方式进行道歉会使你显得宽宏大度，同时又可以维护对方的身份。比如可以这样说：“我不能同意你所持的立场，但我很喜欢你这个人，而且很希望我们在一起工作时一切顺利。对不起，那天我说话太粗暴了。”

要选择对你来说比较容易做好的方式进行道歉。这样，就不会使所做的道歉看起来别别扭扭、极不情愿而导致丝毫不起作用。不要总想着“如何才能表达悔恨情绪”。你的目的是将你的悔恨传达出去，让另一方知道。如何表达只是单方面的事，就算你从心窝里掏出忏悔，那也只是取决于你自己；而沟通交流是人与人之间的事。不要光想着自己，要把精力放在你的对象身上以及道歉的三大要素上——认错、悔恨和担当责任。这样你就不会显得好像在为自己辩护，而你做的道歉也就更容易被接受了。

要记住，“我想道歉”不是真正的道歉。这就好比“我想减肥”不等于减肥一样。要有实际行动。要做出明确无误、直截了当的道歉。不要遮遮掩掩、拐弯抹角或搬出陈词滥调。道歉是否被接受，你可能无法控制，但是道歉是否做得好，你是完全可以控制的。要下最大工夫去控制你所能把握的。这样，你就更有可能为所做的道歉心安理得，而不是为必须要道歉而耿耿于怀。

得体的举止——一种不说话的语言

举止是一种不说话的“语言”，它真实地反映了一个人的素质、受教育的水平及能够被人信任的程度。

接待人员站要如松，挺拔笔直、舒展俊美、庄重大方、精力充沛、信心十足、积极向上，不要过于随便，探脖、塌腰、耸肩、弯腿、抖足或双手叉腰及放在裤兜里，这些均不足取。坐要如钟，不可前倾后仰、歪歪扭扭、高跷二郎腿。行走如风，步态要协调稳健、轻松敏捷，忌内八字和外八字，不能弯腰驼背、歪肩晃膀、扭腰摆臀、左顾右盼。

手势不宜单调重复，打招呼、致意、告别、欢呼、鼓掌都要注意力度大小、速度快慢、时间长短，不可过度，尤其不要当众搔头皮、掏耳朵、抠鼻孔、剔牙、咬指甲、挖鼻屎、搓泥垢、打哈欠、修指甲、揉衣角。咳嗽、吐痰、打喷嚏都要避免大声，更不能正面对人。向人致意、鞠躬、介绍、递物、接物都要诚心诚意，表情和蔼可亲，神情专注。

站有站相，坐有坐相

在中华民族礼仪要求中，“站有站相，坐有坐相”是对一个人行为举止最基本的要求。

站立是人们生活、工作及交往中最基本的举止之一。正确的站姿是站得端正、稳重、自然、亲切。做到上身正直，头正目平，面带微笑，微收下颌，肩平挺胸，直腰收腹，两臂自然下垂，两腿相靠直立，两脚靠拢，脚尖呈“V”型。女子两脚可并拢，肌肉略有收缩感。

如果站立过久，可以将左脚或右脚交替后撤一步，但上身仍须挺直，伸出的脚不可伸得太远，双腿不可叉开过大，变换也不能过于频繁。

站立时，如有全身不够端正、双脚叉开过大、双脚随意乱动、无精打采、自由散漫的姿势，都会被看作不雅或失礼。

坐姿包括就座的姿势和坐定的姿势。入座时要轻而缓，走到座位面前转身，轻稳地坐下，不应发出嘈杂的声音。女士应用手把裙子向前拢一下。坐下后，上身保持挺直，头部端正，目光平视前方或交谈对象。腰背稍靠椅背，在正式场合，或有位尊者在座，不能坐满座位，一般只占座位的2/3。两手掌心向下，叠放在两腿之上，两腿自然弯曲，小腿与地面基本垂直，两脚平落地面，两膝间的距离，男子以松开一拳或二拳为宜，女子则不松开为好。非正式场合，允许坐定后双腿叠放或斜放，交叉叠放时，力求做到膝部以上并拢。

无论哪一种坐姿，都要自然放松，面带微笑。在社交场合，不可仰头靠在座位背上或低着头注视地面；身体不可前俯后仰，或歪向一侧；双手不应有多余的动作。双腿不宜敞开过大，也不要把小腿搁在大腿上，更不要把两腿直伸开去，或反复不断的抖动。这些都是缺乏教养和傲慢的表现。

言谈举止“放大”你的形象

言谈举止是一个人精神面貌的体现，要开朗、热情，让人感觉随和亲切，平易近人，容易接触。

很多人在社交中总担心没有出众的言谈来打动大家，吸引别人的注意，以致于造成精神上的紧张，使表情、动作都变得十分僵硬，这都是自尊心太强造成的。因此，应放松心情，保持自己的既有特点，而不要故意矫揉造作。有的人在亮相时昂首阔步，气势逼人，在跟别人握手时要像钳子般有力，跟人谈话时死死盯住对方……这样故作姿态，不仅会令别人感觉难受，连你自己也觉得别扭。其实最好的办法是保持你原有的个性和特质。

言谈要有幽默感。在社交中，谈吐幽默的人往往取胜。没有幽默感的人在社交中往往会失败。在交际场合，幽默的语言极易迅速打开交际局面，使气氛轻松、活跃、融洽。在出现意见有分歧的难堪场面时，幽默、诙谐便可成为紧张情境中的缓冲剂，使朋友、同事摆脱窘境或消除敌意。此外，幽默、诙谐还用来含蓄地拒绝对方的要求，或进行一种善意的批评。平时应多积攒一些妙趣横生的幽默故事。

腿姿——人的情绪和意识

腿部虽属身体的下端，但它往往最先表露潜意识。谈话中，当人们不愿意把内心的焦躁不安明显地表露在脸上或者身体其他部位的大幅度动作上时，往往就用离开他人眼睛最远的部位来表达，即轻轻地摇动腿部或抖动腿部。因此，腿部也能表现人的情绪和意识。

不论坐着站着，腿部常常呈现出这样三种姿势：两腿分开、两腿并拢和两腿交叉。两腿分开是一种开放型姿势，显出稳定、自信，并有接受对方的倾向。两腿交叉是一种防御性姿势，往往显得害羞、忸怩、胆怯，或者随便散漫、不热情、不融洽，如站立时的别腿姿势，坐着时的架腿姿势（跷二郎腿）。架腿姿势通常是控制消极情绪的人体信号，专家们说它“颇有不拘礼节的意味”（莫里斯），对于女性来说，这是一种不可取的姿势，这种毫无拘束的姿态或许会给人放肆、自大或过于随便的印象。两腿并拢的姿势则过于正经、严肃和拘谨，如立正、正襟危坐，虽然郑重其事，却令人紧张、压抑，自己也不舒服。

我们主张两腿分开的姿势。站立时，两腿张开，两脚平稳着地成“丁”字形（或平行相对，或一前一后），躯干伸直，不要屈膝和弯腰弓背，否则显得消极懒散，无精打采。坐宜端坐，即两腿稍稍分开，间距不超过肩宽（女性更要注意不过分叉开），腰板轻松地挺直，这样显得自然、从容，情绪饱满。当然，如果是朋友在一起，间或架架腿（女性则宜交叉脚踝），也无可厚非。

一般来说，在人多的场合宜站着讲话，这既是出于礼貌，对听众表示尊重，又便于发挥各种体态语的作用，充分显示你的气质、风度和力量。我国当代著名演讲家曲啸说：“要想从语言、气质、神态、感情、意志、气魄等方面充分地表现演讲者的特点，也只有在站立的情况下才有可能。”

交往礼仪

交际语言的使用

语言，无论是书面语言还是口头语言，都是用来表情达意的。如果只有良好的愿望，却不能恰当表达，就不可能达到预期的效果，有良好的愿望，还必须用合乎礼仪的方式来表达，才可能产生良好的效果。并给别人留下一个很好的印象。

所以，在人际交往中，无论使用书面语言还是口头语言，都应该从内心真诚关注对话人的情绪反映。如老师与学生谈话，应时时关心和观察学生的情绪反应，以此来调整自己的用语和说话时的情态，使谈话产生好的效果。同时，将自己对对方的关心用礼貌的语言表达出来。

然而，语言环境多变，内容广泛，没有一定的规章可循。在具体的对话场合中，可掌握以下原则：

1. 说话要亲切、真诚

说话的内容与表情相一致，让对方了解你的基本态度。

如，向别人表示祝贺，嘴上说得很动听，脸上没有笑容，冷冰冰的，别人会觉得你在敷衍。向别人表示问候，却不看着对方，别人会觉得你是故作亲切，是假关心。拒绝对方不适当的邀请，脸上却对对方笑，并故作忸怩羞涩，对方会认为你不是真的拒绝，而会继续纠缠。

因此，说的话与表情一致，才能明确表达意思，也才符合礼仪。

当然，谈较严肃的事或拒绝不合理的事，态度要真诚而且严肃、庄重，不必横眉冷对，因为对方可能并无恶意。

2. 语言要婉转、谦和、文雅

见面交谈，要用敬称称呼对方。如“您”、“老师”等，对自己可用谦称。对话结束，应当使用礼貌语来结束谈话，如“谢谢”、“请多关照”等。

交谈中，说话粗鲁，脏话满口，这是没有教养的表现，一定要杜绝。

3. 声音大小要适中

说话的目的是让别人听的，要让别人听清楚，听明白。为人提供方便本来就是礼仪的原则之一。

会上发言，声音要大，让在场的人都听见，而且目光要注视会场的中间靠前一些的地方，使在场的人觉得你注视着所有的人。

几个人交谈，声音不宜过大，大家能听见就行了。语调要平和、沉稳，不要太急、声调太高，否则会使人觉得在吵架，很没有礼貌。

在公众场合，如电影院、剧场、会场、课堂这一类地方，要尽量避免对话，非说不可时，要把声音放得很小，尽量不影响别人。

在这种场合高谈阔论，指手画脚，是很失礼的。

4. 尽量减少语病和不必要的语气词

说话中夹杂许多如“嗯”、“啊”一类的词，让人觉得你对谈话没有什么准备，现想现说，而且啰嗦，不吸引人。你说话，让人家要耐着性子听，那是很难受的事，等于对听话人的不敬。

5. 婉转表意，避免直入

请求于人或批评别人，在多数情况下，婉转表达意思比直接说出效果好。因为婉转表意，对方会感到你的诚意和对他的尊敬与看重，而且显得很有礼貌。这样做，还有一层意思，就是表示：无论是请求的人和被请求的人，批评者与被批评者是平等的，没有指令的意思。在平等的基础上，双方就容易沟通。

因此，当你对别人提出请求时，要尽量用商量的口气，不要像在向对方下命令。

比如，你要得到同学的帮助。a. “把椅子搬过来。”“请你帮个忙，把椅子搬过来。” b. “让开。”“请你让开好吗？” “劳驾，借光让让路。” c. “嗨，把黑板擦干净。”“请你把黑板再擦干净些好吗？”

这三组对话中，每组的第一句话，口气生硬，有命令别人的意思，让对方听起来很不舒服，感到你盛气凌人，就不大愿意帮助你。即使勉强做了，心里也很不高兴，不愿再和你打交道。每组话的后边一句，语调平和，表达委婉，听起来感到亲切，让人感到你很尊敬他，就会不忍拒绝。如果他不按你的要求做，那就是对方失礼了。

再看下面两组。

a. “瞧，我多棒！”或“还得看我的！”

“我做得还很不够，还希望大家多帮助。”

当你受到表扬时，后面一句话说出来，会显示出你的谦和，会使大家更喜欢你。

b.“我怎么啦！”一翻白眼，一歪头。

“老师，我有些地方还想不通，请您再给我说说行吗？”

也许，对老师的批评想不通，难以承认，也许老师批评错了。这时，你仍应以谦和礼貌的态度来对待，表示对老师的敬意和改正错误的愿望。所以后者的语气、语调更能表现出你良好的修养和文明的气质，更容易得到别人的帮助。

6. 掌握说话的分寸，留有余地

任何对话均有特定的场合、特定的身份，应清楚了解这一点，当好自己的角色。身份和角色不同，说话的语气和用语也不一样，措辞适当，与人为善，抱着尊敬或友好的态度，就能做到有礼貌。

比如，对于长辈你是晚辈；对于老师你是学生；对于陌生人，你可能是引路人、顾客等。答应别人的请求要留有余地，不要把话说得太满，就是很有把握的事，也要留有余地。办不到的事，回绝时也不要把话说绝，要委婉而留有余地。因为最为难的事是求人，不是万不得已，不会求人的，要体谅别人，替对方着想，事办不成友谊还在。这不是虚伪和圆滑，这同样是对别人的尊重。

可能有的同学认为，直率是优良的品质，说话直来直去才好，否则就是装腔作势。其实不然，对非常了解的同学、朋友，可以有话直说，不必留有余地，也不必婉转，但对一般的同学、朋友等就不合适了，因为别人并不特别了解你，会以为你不尊重他，以至产生误会。千万不要为了“解气”，怎么痛快怎么说，不管别人怎么想。

沟通中的三个“S”

有效沟通在我们的工作中，同家人、朋友的交往中，以及日常生活的方方面面中，扮演着重要的角色。尽管最近几年，由于手机、电子邮件、网络等新型交流工具的出现，沟通的速度得到了显著的提高，但是，沟通的基本原理依然保持不变，或者可以说变得更重要了。

沟通中最重要的三个单词，它们都以英文字母“S”开头：简单（simplicity），真诚（sincerity）和沉默（silence）。

简短与保持沉默几乎是同义词。任何人说：“不要啰嗦！”那么你就不用再多说什么。错综复杂似乎只会引起麻烦并且使沟通的质量下降。演讲教师告诫我们，在同一次讲演中提出三个以上的要点是没有用的。

听众可以记住一到两条要点，但是如果超过三条，他们的思维将会产生抵制。在面对面的沟通中也同样。想要专注与专一，简单是重要的先决条件。复杂只会导致困惑与目的不清。观察世界级的运动员，你会发现他们会将一些看上去非常复杂的事情分解成简单的、可重复的技巧。如果你可以把所有的问题与所有的沟通挑战都分解成最简单的形式，你就能够成功。

沉默是金

真诚是最重要的，因为它可以促成相互信任。没有信任，就没有双方心灵的交集，也就不会有沟通。林肯曾经说过：“如果你想让别人按你的目标行事，那么首先你必须赢得他的信任。”我们也都听说过：“真诚地关注其他人。”“要真诚”！在服务导向的经济中，真诚比以往任何时候都重要。金钱是延期的服务，没有信任就不会发生真正的服务。

“沉默蕴涵着一种艺术，沉默也蕴涵着雄辩。”2000年前西赛罗曾这样说，但是在今天，这句话同样适用。沉默也提供其他人以提问的机会。没能提问，你永远也不会发现“关键”地方。沉默也是提供他人可以思考而不受打扰的机会。聆听是一种表示你真诚的关注他人，关注他们所说的方式。聆听同样也使谈话、宣讲和会议变得简单。

本杰明·富兰克林曾经写道：“想想，在谈话中获得知识主要是使用耳朵而不是舌头。在我决定要培养的美德中，沉默占第二位。”

Dorothy Dix说：“成名的捷径就是把你的耳朵而不是舌头借给所有的人。”作为一个好的聆听者是成为一个成功的沟通者的重要特质之一。记

富兰克林（1706～1790）

住要使用沟通中的三个“S”——简单、真诚、沉默——是为了更有效的结果。它们适用于所有的沟通，无论是最不经意的、最无准备的、还是最重要的沟通。

见面的礼节

1. 鞠躬

鞠躬多用在晚辈对师长，个人对集体。行鞠躬礼时，一般应立正站好，目光注视受礼者，然后上身向前弯曲。

鞠躬礼一般用在上课时，向老师行礼，登台领奖时、登台讲演时。上讲台应先向台上的师长和台下的人行鞠躬礼。讲演后和领取奖状后，也要再向台上师长和台下的人行礼。

一般情况下，鞠躬的角度不同，表达的意思也不大一样。通常情况下，鞠躬15°左右，表示致谢。如领奖后，行礼30°左右，表示恳切的敬意或歉意，对师长一般可掌握在这个程度。行90°大躬，用在极特殊的情况下，一般不常用。

有些外宾也行鞠躬礼，如日本。

行鞠躬礼，一般不戴帽子，因此，在行礼时，应先摘下帽子，行完礼后，可以再戴上。

2. 握手

握手礼最早始于西方。古时候，互相对抗的双方，不再对抗后相遇，为了表示没有敌意，手中没有格斗的器械，如石块等东西，就张开手掌，让对方摸一摸自己的手掌心，证明自己的友好诚意。以后，这种举止就成为一种表示友好的通用形式——握手礼。行握手礼表示对对方致谢、问候。

行握手礼，应视不同情况而掌握不同的“度”。如：与长辈、上级相遇或去拜访他们，可以行鞠躬礼，也可以行握手礼。但行握手礼时，应看对方的举止。即对方先伸手，你再伸手去握。特别是到别人家拜访时，握手有表示欢迎的意思。所以，你去拜访别人，要等对方先伸手后你再握手。

如果有客来访，你正在干活，手很脏，不宜与对方握手，应该道歉并说明原因，洗干净手后，再与来访者握手。

如果是平辈、朋友、同学，久别见面，谁先伸手快，则说明谁更有礼。

如果是异性相遇，应该等女性先伸手。如果女性不伸手握，男子则不要和对方行握手礼。如果向对方表示祝贺、宽慰，则应该主动向对方伸手行握手礼，以示诚意。

一般情况下，不能拒绝与对方握手。拒绝与对方握手不仅失礼，而且是抱有敌意的表示。行握手礼，还要正确掌握握手的轻重；握手时间的长短，要依据与对方的亲疏关系来定。一般说，重重握手，表示真诚与热情；轻轻握手，表示关系一般。这也用于和女性握手。握手时间不应太长，即使关系很密切、很真诚也不宜紧紧握住不放。

行握手礼一般不能戴手套，特别是男性。一般伸右手。

若在场人较多，握手的顺序如下：先长辈，后平辈、晚辈；先贵宾或外宾，后同事、朋友、熟人；先女性后男性。

还应该注意，在送别时，不要一脚在门外，一脚在门内与人握手。

除了这两种礼节外，还有合掌礼、拱手礼等。民族风俗不同，礼节的方式也不同，可入乡随俗，视具体情况而定。

无论行哪一种礼节，情真意切，动作自然、大方、从容大度而且要动作准确，不要扭扭捏捏或动作过火。

行礼时，表情和眼神也很重要。应该面带微笑，亲切热诚，不能心不在焉很冷漠；目光应看着对方，不能四顾左右显得心神不定，那样受礼人会觉得你轻视他，那是失礼的。

询问与致答的礼仪

日常生活中，不求人帮忙，不向别人请教，是不可能的。看看周围，你会发现，有些人求人时，别人乐于帮助、回答他；有些人求人却常常碰壁。原因可能是多方面的，但有一条最基本，按照有关的礼仪要求做，别人就乐于帮助你。这是因为，按礼仪要求做，体现了你对别人的尊重，他自然也会给你以相应的尊重，满足你的要求。

询问与求助的礼仪

（1）有事求人，不管是问问题还是求人办事，“请”字当先，别人就愿意帮助你。

行路中，找不到要找的地方，向人询问，可以说：“劳驾，请问您，到××怎么走？”或说“请问，您知道去××往哪走吗？”

别人回复了你，别忘了道谢。如果你骑车，别忘了下车后再问，不可因急于赶路，一腿着地，一腿跨在车上问话。

商店中，要询问价格，别忘了说“请”。

求人帮忙，也别忘了说“请”。

你需要别人把东西传递给你，可以说：“请您（或“你”）把××递给我”、“请帮我拿一下×××”。

口语中“有劳您”与“请您……”表示同等意思。

就是对自己的好朋友、家人，也不可呼之来、挥之去，同样要用“请”。

（2）提出询问或请求时，语气恳切，平等相待。向别人提出请求自然无需低三下四，但也不能盛气凌人，别人并不一定必须按你的请求做。语气恳切，别人感到你不是在指挥、命令他，而感到你确实需要帮助，才会帮助你。

(3) 如果别人不能满足你的要求，你也不必生气或埋怨别人。也许他有难处，也许他不懂。应当理解别人。理解对方，就是把对方放在与你平等的地位上，给对方以尊重。

(4) 向别人提出请求或提出疑难，还应当掌握适当的时机。

当别人比较清闲，心情也比较好时，向别人提出请求就比较适当。

估计别人有能力解决你的难事时，向别人提出疑问比较合适。

当别人心情不好时，不宜向别人提出请求。

当别人遇到难处时，也不宜向别人提出请求。当对方有事，正在处理时，也不宜向别人提出请求。

回答与致谢的礼仪

回答别人的询问，首要的是要有助人为乐的精神，热情、主动回答。回答时，还应当知无不言，言无不尽。

爱答不理的，问一句说一句，是对人无礼的行为。

其次，要实事求是。自己懂的、知道的事，当别人问到时，要细致、周到地为人家解答。自己不懂的事，别人问到了，可以据实回答，并很有礼貌的向对方道歉，请他再向别人请教。可以这样说，“实在抱歉，您问的事我也不大懂，请您问问别人。”

当别人解答了你的疑难时，应当向别人道谢。无论别人给你的帮助是大还是小，均应诚恳地向别人道谢。不道谢，别人会以为你对他的帮助不满意，或对你产生误会，认为你把对方对你的帮助看成是理所应当的，那就会很失礼的。

当老师为你补课、讲题后，当别人帮助你拿东西之后，当食堂的炊事员递给你饭菜时，当父母为你买了你所需的东西时，当售货员递给你你所要买的东西时，当别人帮你拾起掉在地下的东西时，当别人为你指路时，当你接到别人赠送的物品时均应向对方道谢。总的来说，当你得到别人的帮助时，一定要向别人道谢。

道谢时，心要诚，意要真，语气要谦和，否则对方会以为你在敷衍他。

道谢还必须及时，当别人帮助了你时，要及时道谢。

道谢的方式方法可以多样。可以口头道谢，可以写信道谢，重大的事，应当登门道谢。道谢时，可以说“谢谢”、“非常感谢”。

向别人道谢，是尊敬别人的表现。因为对方帮助了你，付出了时间、精力，付出了劳动，理当可以得到补偿，这种补偿重在精神而不重在物质。

向别人道歉

在集体生活中，同学之间发生矛盾，发生不愉快的事是常有的，解决这一类不愉快的事，最好的办法是主动道歉。

当你无意中打扰了别人时，当你无意中妨碍了别人时，都应该表示道歉。表示道歉通常所用的词有“对不起”、“请原谅”、“打扰了”、“很抱歉”等。真诚的道歉可以“化干戈为玉帛”。

如果在公共汽车上，你不小心踩了别人的脚，主动向被踩的人道歉，对方就会原谅你。踩了别人，不道歉，还不让别人提意见，别人稍有怨言，你还强词夺理，双方谁也不肯罢休，就必然会发生争执。

一般说，发生不愉快的事，主动先道歉者常常被看作是有修养、懂礼貌的人，因为这说明你是一个襟怀坦诚、深明事理而有勇气的人。

相反，做错了，不道歉，或无理搅三分，反倒会给人留下一个蛮横无理的形象。

同时，道歉并不是服输、服“软”的问题，有些同学可能认为，自己先向对方道歉，就丢了面子，或承认对方比自己强。这种看法是错误的。做错了事，是客观存在，想掩饰也掩饰不了。认错并向对方道歉是需要有面对现实的勇气的，谁先道歉，恰恰说明谁的勇气更大些，是比对方强的表现。

哪些情况下要向当事者道歉呢？

你需要得到老师的帮助，但老师正忙着，你必须打断他的工作时，要先道歉。

你无意弄乱了别人的东西时，要主动道歉。

答应给别人办的事，没有办成时需道歉。

在窄道行走，你需要别人为你让路时，要向别人道歉。

自己失约或失礼时，均应向别人道歉。

当然，这里所举的只是日常生活中比较常见的几例。

日常生活中，为人解答，向人询问求助，向别人致谢、道歉等是常遇到的。在这几种情况下，应遵循的礼仪原则是：真诚坦率对待别人，自知谦逊对自己。还必须重视礼仪习惯的养成，不要因为是小事就不去做，因为是小节就不注意。要知道礼仪习惯正是在小事小节中一点一点地养成的。而一个人的礼仪习惯又常常是一个人文明修养的标志。对于一个社会来说，社会文明程度的高低又取决于构成社会的人的文明程度、礼仪程度的高低。

介绍的礼仪

在人际交往中，相互介绍，向大家介绍是很必要的。介绍的最重要的作用是缩短不相识的人们之间的距离，使互不相识的人在较短的时间内，彼此间有初步的了解。如果相互间不熟识，在集体场合很难沟通，无法交谈，就很别扭。

介绍的一般原则如下：介绍的顺序应该是先把男士介绍给女士，先把晚辈介绍给长辈。也可以根据集会到达的先后顺序，把晚到的介绍给先到的。介绍时，男性应起立，女性可以不起立。如果男性年纪较大，女性为年轻人时，女性也应该起立。同时，被介绍者应该先主动与对方握手。介绍时，先介绍名字者为尊。如向自己的同学介绍自己的老师时，应该说："王老师，这是我的同学张丽。"然后再向老师介绍自己的同学。介绍时，应把姓名、职务介绍清楚。有时也可以把兴趣、爱好、特长介绍一下。

介绍的方式可以有以下几种。

1. 自我介绍

你要和一个不认识的人谈话，首先要把自己介绍给对方，等对方也作了自我介绍后，就可以交谈了。介绍时，可以说，我是×××，是××学校的学生。

当对方已经记不起你，你又有事必须与对方说时，也可以做个介绍。男性自我介绍时，可以稍欠身。

2. 把自己的熟人介绍给别人

一般的小型聚会，来者可能都是你的熟人，但他们之间不一定相识。为了使聚会能在友好和谐的气氛中进行，必须为他们彼此做介绍。

可以在邀请人时，对被邀人介绍到会的所有人的情况，有个准备，等到会时，再正式介绍。介绍时，可以用幽默或稍为夸张的话来做介绍，以活跃气氛，缓和因彼此不相识造成的拘谨。如"刘芳，这就是我常和你说起的多才多艺的王丽"，"王丽，过来见见我们的小作家刘芳"。

介绍时，要注意：吐字清楚，声音适中，以被介绍的双方能听见为度。介绍时，介绍人应起立，向大家依次进行介绍。被介绍者应起立，向大家点头示意，并有所表示，如说："能认识大家（您）很高兴。"

在公众场合，不要贸然地去问人家姓名，否则会使对方感到很唐突，很不适宜。如果是万不得已，可以说得婉转些。如说："对不起，不知怎么称呼？"

被介绍的双方经介绍后，可以相互问好，并说："见到您很高兴。"但不必过于殷勤或过于吹捧对方。

怎么样表达你的交际信号

眼神一向被认为是人类最明确的情感表现和交际信号，在面部表情中占据主导地位。

"一身精神，具乎两目"。眼睛具有反映深层心理的特殊功能。据专家们研究，眼神实际上是指瞳孔的变化行为。瞳孔是受中枢神经控制的，它如实地显示着脑正在进行的一切活动。瞳孔放大，传达正面信息（如爱、喜欢、兴奋、愉快)；瞳孔缩小，则传达负面信息（如消沉、戒备、厌烦、愤怒)。人的喜怒哀乐、爱憎好恶等思想情绪的存在和变化，都能从眼睛这个神秘的器官中显示出来。

因此，眼神与谈话之间有一种同步效应，它忠实地显示着说话的真正含义。与人交谈，要敢于和善于同别人进行目光接触，这既是一种礼貌，又能帮助维持一种联系，使谈话在频频的目光交接中持续不断。更重要的是眼睛能帮你说话。恋人们常常用眼神传递爱慕之情，特别是初恋的青年男女，使用眼神的频率一般超过有声语言。

有的人不懂得眼神的价值，以至于在某些时候感到眼睛成了累赘，于是总习惯于低着头看地板或盯着对方的脚，要不就“四顾左右而言他”，这是很不利于交谈和发挥口才的。要知道，人们常常更相信眼睛。谈话中不愿进行目光接触者，往往叫人觉得在企图掩饰什么或心中隐藏着什么事；眼神闪烁不定则显得精神上不稳定或性格上不诚实；如果几乎不看对方，那是怯懦和缺乏自信心的表现。这些都会妨碍交谈。眼神的价值当然不能老盯着对方。英国人体语言学家莫里斯说：“眼对眼的凝视只发生于强烈的爱或恨之时，因为大多数人在一般场合中都不习惯于被人直视。”长时间的凝视有一种蔑视和威慑功能，有经验的警察、法官常常利用这种手段来迫使罪犯坦白。因此，在一般社交场合不宜使用凝视。研究表明，交谈时，目光接触对方脸部的时间宜占全部谈话时间的30% ~60%，超过这一阈限，可认为对对方本人比对谈话内容更感兴趣，低于这一阈限，则表示对谈话内容和对对方都不怎么感兴趣。后二者在一般情况下都是失礼的行为。但是集会中的独白式发言，如演讲、作报告、发布新闻、产品宣传等则不一样，因为在这些场合讲话者与听众的空间距离大、神阈广，必须持续不断地将目光投向听众，或平视，或扫视，或点视，或虚视，才能跟听众建立持续不断的联系，以收到更好的效果。

保持距离

人们之间交往，无论是交谈、聚会、集会、同行、活动等均有一个彼此之间保持距离的问题。应该保持在礼仪允许的范围。

1. 距离的种类

一般说，在上述交往活动中，有3种距离是应当了解和遵循的。这三种距离就是：公众距离、交流距离、亲密距离。

(1) 公众距离。指一个人同时对几个人或多人说话，说话对象不固定，不明确指向某一个人。可能是一个人的即兴发言，如集会中、课堂上，这个距离一般不固定，可以视场地条件而定。一般应保持较大的人与人之间的距离。

对陌生人，不太熟悉的人，也应保持在这个较大的距离中。

（2）交流距离。指的是两个人说话时，彼此之间的距离。说话对象专一，谈话的内容是有主题的。如老师找学生个别谈话。需要彼此听清对方的话并随时作出反应。因此，应保持在0.5米～1.5米的距离内。距离太近，两人都会觉得别扭；距离太远，彼此说话听不真切；声音大了，又像在吵架，也不合适。

（3）亲密距离。指亲人之间或非常亲密的朋友之间交往、谈话时彼此之间的距离，这个距离一般在20厘米～60厘米左右。

2. 为什么要注意保持距离

每个人都有自己的自尊，无故触及别人的身体的任何一个部位的行为，都会被视为对对方的侵犯，是对对方的挑衅或鄙视，是一种侮辱人的行为。对人的身体如此，对他身体周围形成的空间也如此。每个人自己身体四周20或60厘米以内的空间，视为私人空间，侵入这个空间，如同对人体的侵犯。

同学们都有这样的经历，不十分要好的同学之间开玩笑，你拉他的胳臂，摸他的脸一下，他会很恼火，甚至跟你急了。你可能还会怨别人不识逗。其实错在你自己。

我们还可以看到这样一个现象，两三岁的幼儿，他的亲人妈妈、爸爸抚摸他，他会很高兴，其他人，特别是陌生人抚摸他，他会下意识地躲避。

这都说明，在亲密空间内有人的尊严。不是十分熟识、亲密的人不经过本人的允许是不能进入这个空间的。进入了，本人会感到受到挑衅或侮辱，从而引起下意识的自卫动作。相反，如果特别要好的几个好朋友相处，举止上就不必考虑这个问题，可以随便一些。

男女生之间的交往，特别要注意保持适当的距离，宁可远些，不必凑得太近，以防因此失礼而造成错觉。

当然，在公众场合，人多而且很拥挤的情况下，不可能保持这个礼仪所需的距离。这时可以照以下的办法做。

（1）不向任何人搭话，包括很熟悉的人。

（2）注意不与别人的眼光相遇，偶尔相遇，立即移开。若在公共汽车上，最好是看着窗外或车内的广告一类的固定目标。电梯内则看着显示楼层数的数字板。

（3）在会场上、剧场剧院内等地，尽量避免交谈。

（4）保持冷漠的态度，手、脚动作尽可能减到最小的程度，尽量少挪动。如在公共汽车上，人挤人，你感到旁边人的手或腿挤着你，使你难堪，又躲不开，一般情况下，不必破口大骂，可以动一动身体，以告示对方，对方若识礼，一般情况下，会调整自己的位置的。男同学在乘车时，要特别注意自己站的位置，尽量往男性多的地方挪，避免挤在女性中间而造成误会。

3. 心理距离

人际交往礼仪中，除了这个实际距离外，还应注意保持适当的心理距离。心理距离常常由个人的情感、表情、眼神中表现出来。如初次相识的人，乱套近乎，胡乱吹捧，这个心理距离就不对了。对方感到的恰恰是你对他不尊重，因为你缺乏诚意。

保持适当的心理距离，可以注意按以下做法。

(1) 对于初交的人，热情而不虚浮。即主动热情招呼、照顾对方，对对方的询问要耐心明确给以回答，给以帮助。对于求助于你的人也应如此。电视台有一个“广而告之”的节目，反映问路难。被问的人回答时，答案不明确，或态度冷漠，以脚指方向则更为失礼。从礼仪角度说，不仅言行举止不礼貌，心理距离也不对，远远超乎人与人之间所应有的和睦与友善，是对问路人极不尊重的表现。

(2) 对于要好的同学，要真诚、坦率、实言相对。心口不一很不好。

(3) 对于不良习气或有不当企图的人，可以忍让，但不必怯懦。对于对方的言行举止可以置之不理或直言警告、拒绝，自己该做什么还做什么，该怎么做还怎么做。不必躲避对方，也不必故意做出不理睬、冷漠的样子。可以在交往中，严格保持较大的心理距离和实际距离，以表示出不怕对方，并在不失礼的情况下，以自己的稳重、端庄制约对方的行为，保护自己。

同陌生人交谈的技巧

同陌生人交谈是口语交际中的一大难关，处理得好，可以一见如故，相见恨晚；处理得不好，又能导致四目相对，局促无言。

不久前出差住在一家旅店，亲眼目睹了一场话剧：一个先我而住的已悠闲地躺在床上欣赏电视节目；又一个先我而住的，放下旅行包，稍拭风尘，冲了一杯浓茶，边品边研究起那位先我而来者：“师傅来了好久了?”“比这位客人先来一刻。”他边指着正在看书的我边说。“听口音不是苏北人啊?”“噢，山东枣庄人!”“啊，枣庄是个好地方啊！我在读小学时就在《铁道游击队》连环画上知道了。三年前去了一趟枣庄，还颇有兴致地玩了一遭呢。”听了这话，那位枣庄客人马上来了兴趣，二人从枣庄和铁道游击队谈开了，那亲热，不知底细的人恐怕要以为他们是一道来的呢。接着就是互赠名片，一起进餐，睡觉前双方居然还在各自身边带来的合同上签了字：枣庄客人订了苏南某人造革厂的一批风桶；苏南客人从枣庄客人那里弄到一批价格比较合理的议价煤。他们的相识，交谈与成功，就在于他们找到了“枣庄”，“铁道游击队”这个都熟悉的共同点。

怎样才能找到自己同陌生人间的共同点呢？

1. 察颜观色

一个人的心理状态，精神追求，生活爱好等等，都或多或少地要在他们的表情、服饰、谈吐、举止等方面有所表现，只要你善于观察，就会发现你们的共同点。一退伍军人乘车同一陌生人相遇，位置正好在驾驶员后面。汽车上路后不久就抛锚了，驾驶员车上车下忙了一通还没有修好。这位陌生人建议驾驶员把油路再查一遍，驾驶员将信将疑地去查了一遍果然找到了病因。这位退伍军人感到他的这绝活可能是从部队学来的。于是试探道：“你在部队呆过吧？”“嗯，呆了六七年。”“噢，算来咱俩还应算是战友呢。你当兵时部队在哪里？”……于是这一对陌生人就谈了起来，据说后来他们还成了朋友。而这就是在观察对方以后，发现都当过兵这个共同点的。当然，这察颜观色发现的东西，还要同自己的情趣爱好相结合，自己对此也有兴趣，打破沉寂的气氛才有可能。否则，即使发现了共同点，也还会无话可讲，或讲一两句就“卡壳”。

2. 以话试探，侦察共同点

两陌生人面对面，为了打破这沉默的局面，开口讲话是首要的，有人以招呼开场，询问对方籍贯、身份，从中获取信息；有人通过听说话口音、言辞，侦察对方情况；有的以动作开场，边帮对方做某些急需帮助的事，边以话试试探；有的甚至借火吸烟，也可以发现对方特点，找开口语交际的局面。两个年轻人从某县城上车，坐在一条长椅上。其中一人问对方“在什么地方下车？”“到底，你呢？”“我也是，你到南京什么地方？”

“我到南京山西路一亲戚家有事，”“你就是此地人吧？”“不是的，我是从南京来走亲戚的。”经过双方的火力侦察，双方对县城熟悉，对南京了解，都是走亲戚的共同点就清楚了。两个人发现对方共同点后谈得很投机，下车后还互邀对方做客。这种融洽的效果看上去是偶然的，实际上也是有其必然因的：“火力侦察”，发现共同点，向深处掘进而产生的效应。

3. 听人介绍，猜度共同点

你去朋友家串门，遇到有生人在座，作为对于二者都很熟悉的主人，会马上出面为双方介绍，说明双方与主人的关系，各自的身份，工作单位，甚至个性特点、爱好等等，细心人从介绍中马上就可发现对方与自己有什么共同之处。

一位是县物价局的股长和一县初中的教师，在一个朋友家见面了，主人把这对陌生人作了介绍，他们马上发现都是主人的同学这个共同点，马上就围绕同学这个突破口进行交谈，相互认识和了解，以至变得亲热起来。这当中重要的是在听介绍时要仔细地分析认识对方，发现共同点后再在交谈中延伸，不断地发现新的共同关心的话题。

4. 揣摩谈话，探索共同点

为了发现陌生人同自己的共同点，可以在需要交际的人同别人谈话时留心分析、揣摩，也可以在对方和自己交谈时揣摩对方的话语，从中发现共同点。在广州的某百货商店里，一位在南海舰队的战士对服务员说："请你把那个东西拿给我看看"。还把"我"说成字典里查不到的地道的苏北土语。另一位也是苏北人，在广州某陆军部队服役。听了前者这句话，也用手指着货架上的某一商品对营业员说了一句相同的话，两句字里行间都渗透苏北乡土气息的话，两位陌生人相视一笑，买了各自要买的东西，出了店门就谈了起来，从老家问到部队，从眼下任务谈到几年来走过的路，介绍着将来的打算。身在异乡的一对老乡的亲热劲，不知情的人怎么也不会相信是因为揣摩对方一句家乡话而造成的结果。可见细心揣摩对方的谈话确实是可以通过找出双方的共同点，使陌生的路人变为熟人，发展成为朋友的。

5. 步步深入，挖掘共同点

在人与人的交往中，发现共同点是不太难的，但这只能是谈话的初级阶段所需要的。随着交谈内容的深入，共同点会越来越多。为了使交谈更有益于对方，必须一步步地挖掘深一层的共同点，才能如愿以偿。一个度假的大学生和一位在法院工作的同志，在一个共同的朋友家聚餐，经主人介绍认识后，陌生人谈了起来，慢慢地两人都发现对社会上的不正之风的看法有共同点，不知不觉地展开了讨论，他们从令人发指的社会现象，谈到产生的土壤和根源，从民主与法制的作用，谈到对党和国家的期望。越谈越深入，越谈双方距离越缩短，越谈双方的共同点越多。事后双方都认为这次交谈对大学生认识社会，对法院同志了解外面的信息和群众要求，增强为纠正不正之风尽力的自觉性都是有益处的。

寻找共同点的方法还很多，譬如面临的共同的生活环境，共同的工作任务，共同的行路方向，共同的生活习惯等等，只要仔细发现，陌生人无话可讲的局面是不难打破的。

男女同学相处的礼仪

男女同学之间，无论现在，还是将来走上社会，保持适度的礼仪距离，会使双方相处得更自然，更真诚。

男女同学相处要保持一定的距离

（1）异性之间交往，最重要的是以礼相待，相互尊重。所谓以礼相待，相互尊重，就是说，在异性面前，衣装要整齐，不可太随便；不要说脏话、粗话，特别是男生在女生面前更是如此；不要互相起绰号；不要互相推推搡搡，拉拉扯扯。对异性的容貌，言行举止，不要评头论足，指指点点，甚至模仿对方。

（2）集体活动中，男女生之间的接触，要保持一定的距离，不应挨挤在一起。相互的接触面要广些，不要只和少数几个人在一起活动、交谈。交谈时，不要久久盯着对方看。

（3）到异性同学家中拜访，要注意选择适合的时间，而且最好有家长在场。这里不是对同学不信任的问题，而是对对方的尊重问题。

（4）异性相处要自然大方，不必拘谨。过年过节互赠纪念品是很自然的事，但赠送纪念品目的要单纯专一，不要让对方引起误解。

（5）异性同学之间，有事相求，可以直说，不必回避，也不用以写纸条的方式相求，那样反倒是弄巧成拙。接到异性写来的条子，不必紧张，一般情况下，也不必告诉老师、家长，可以直接找对方，明确表示态度，告诉对方，以后不要再写条。但要讲清道理，口气婉转，不要伤害对方的自尊心。对于写条的人来说，对方已明确表态，就不要再写条，要尊重对方的意见。对于写条所说的有关内容不要宣扬，更不要说风凉话。

男同学对女同学的礼仪

男同学体力一般比女同学强，胆子也比女同学大。这种体能、体力方面的差异是客观存在的。因此，在文明程度较高的国家中，有一条重要的礼仪“女士优先”，是有一定道理的。我们虽然不强调“女士优先”，但尊重女性，维护女性，帮助和照顾女同学，是男同学的基本礼仪。

在劳动中，男生应主动干重活、累活，把轻活、比较容易干的活让给女同学。

外出参观，集体乘车，让女同学先上车，给女生让座等等均是遵循礼仪的表现。

男同学一般情况下，不主动邀请女同学，不给女生写信也是尊重和维护女同学的表现。

男生最失礼的行为是“恃”强“凌”弱，欺负女生，如给女生起外号等。

女生：自爱、自重最重要

青春期的少女，妩媚而清新，非常可爱，要保持好这一份纯真。珍惜它的最好的方法就是自爱、自重。

女生虽然在体力、体能、胆量上不如男生，但女生有自己的长处：细致、周到、灵巧、聪慧，要相信自己的潜在能力。在人格上，男生与女生是平等的，因此，要自重，自爱，珍惜自己在众人面前的形象。

(1) 没有必要忸怩作态，娇滴滴的样子，嗲声嗲气的。特别是在男同学面前，更不要这样。

(2) 班级同学中，不要单只和某一个或几个男生接触来往，对所有男同学应同等相待。这样可以避免误会，因为青春期的少女、少男多对异性比较敏感，容易产生误解；也可能招来非议。因此，和所有男生广泛接触，是对男生的尊重，也是自重，是异性交往中必要的礼仪。

(3) 若遇到男生写来的小条，不必紧张，也不必沾沾自喜。应当取适当的方式，有礼貌回绝。不要用难听的话骂对方，也不必讥笑对方。更不要在女生中炫耀，这样弄得人人皆知，对对方的人格是一种伤害。那个男生可能并无恶意，只是出于青春期的一种心理表现。

回绝对方，话可以说得委婉，但态度要坚决，处理要果断，不要拖泥带水。

(4) 一般情况下，不要单给某一个男生送礼品或只接受个别人的赠品。对于男生的赠送品，可接受，但要视其目的。如果觉得不应当接受，可以直言告诉对方，接受了，只是出于礼貌，下不为例。

(5) 一般情况下，不应答应男生（特别是一个人的）约请，可以礼貌地回绝。这种情况下的回绝是正当的，不属于非礼。如实在回绝不了，可以多请几个女同学，也可再请几个男同学一同前往，将约请变成一次同学聚会，给对方保全面子。

改革开放，国门大开，社交的范围扩大了。面对这样的形势，同学们除了努力学习文化科学知识，提高技能外，还应当树立起社交意识，学习社交本领。因为在经济战场上，社交能力是必备的武器之一。社交能力内容广博，但有一项最基本的内容，这就是社交礼仪。有一定的社交礼仪素养，你一定会风度翩翩。

语言是人们交流、沟通的工具。语言，可以使陌生人相识并成为好友；语言，也可以使老朋友反目为仇。语言在社交场合是很重要的。

我们听说过一个关于苏东坡的故事。

一次，他到一座寺院，院中僧人不认识他，很冷漠地招待他。对苏东坡说："坐"。又命自己的小僮为他倒茶说："茶"；在交谈中，很钦佩苏东坡，于是态度较热情改为"请坐”，又命小僮“敬茶”；后来知道他是赫赫有名的苏东坡，于是态度更热情，对苏东坡“请上座”，又命小僮“敬香茶”。临别前僧人让苏东坡留下“墨宝”，苏东坡提笔写了一首对联曰：“坐，请坐，请上坐；茶，敬茶，敬香茶。”我们不说这则故事的真实性，也不评价僧人的势利，只是从僧人的语言看出，相同的内容，用不同的词语、不同的语气表达会产生多么不同的效果。可见语言在社交场合的重要作用，因此，懂得社交语言并学习运用是社交礼仪的重要内容。

社交中不要随便发怒

在社交场合中随便发怒，会造成两种不良的后果：①对发怒的对象不友好，它会伤了和气和感情，失去朋友、同事之间的友谊与信任。②对发怒者不利，一方面对本人的身体状况产生不良的影响；另一方面对发怒者的形象有不良的影响，人们会认为他缺乏修养，不宜深交。

在社会生活中，人们适应环境，并求得环境的认可和接受，也是一种本能的表现，它在社会交往中主要表现为与朋友、同事友好相处，不发怒或不发脾气，并从多方面克制自己。

（1）遇事要冷静思考。

（2）要多为对方着想，站在对方的角度考虑问题，从中找出自己的缺点，以便更好地修正自己的看法；此外，对人要平和礼貌。每个人都有自己独立的人格和独特的个性，都有着各自的生活习性和兴趣爱好，都有着不受他人干涉的生活领域。尊重他人，对人平和礼貌，可以表现自己的修养、风格和气度，可以树立起自己良好的威信，可以赢得更多朋友的信赖和尊重。

处理人际关系小建议

1. 故意显露笨拙的一面

比如说，时下的演员都以年轻貌美、头脑聪明、歌艺佳、演技生动为优点，企图在观众中塑造一种形象，提升优越感；殊不知，一个人面对比自己优秀的人，只会增加心中的挫折感，也就自然而然产生了反感。根据这个原理，某些人为获得知名度，故意表露自己的笨拙。在公司的同事、上司面前，故意表现出单纯的一面，以其憨直的形象，激发他人的优越感，吃小亏而占大便宜。而有的部属不会隐藏自己的锋芒，工作上处处表现得干劲十足、能力超强，殊不知自己在无形中已惹来嫉妒和猜忌：“你行，你一人就能干好，那还要我们干什么？”

2. 说些自己的私事

开门未必一定要见山，一见面就

谈工作的事，铁定会让人反感。何妨暂时抛开主题，先谈及共同的话题，或自己的繁杂琐事，以求达到心灵的共鸣。如肯尼迪在争夺总统席位的竞选演说中，曾经轻描淡写地说："紧接着，我还要告诉各位一句话，我和我的妻子虽然赢得选战，但我们希望能再生个孩子。"

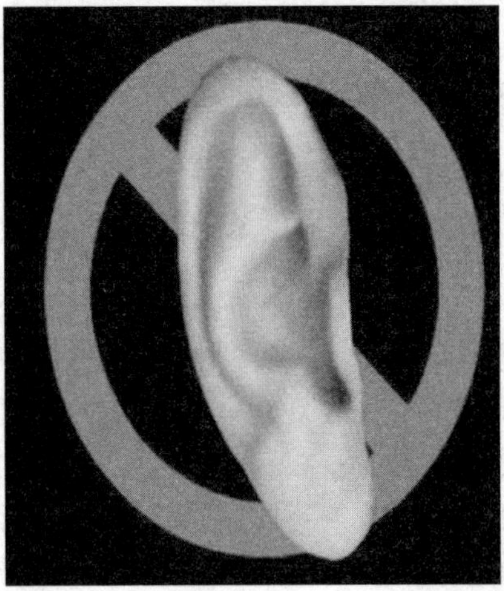

倾　听

在公司与同事谈及私事，可以增进彼此间的亲切感。但是，私事并不包括隐私。如果你向别人泄漏自己的隐私，别人可能会以此为笑柄攻击你。如果随意谈论他人的隐私，他人也会对你表示不满，并乘机报复。

3. 倾听

一个时时带着耳朵的人远比一个只长着嘴巴的人讨人喜欢。与人沟通时，如果只顾自己喋喋不休，根本不管对方是否有兴趣听。这是很不礼貌的事情，也极易让人产生反感。

做一个好听众，不仅要自己说，更要尊重别人说，效果比你说得天花乱坠好得多。倾听并不只是单纯地听，而应真诚地去听，并且不时地表达自己的认同或赞扬。倾听的时候，要面带微笑，最好别做其他的事情，应适时的以表情、手势如点头表示认可，以免给人敷衍的印象。

特别是当对方有怨气、不满需要发泄时，倾听可以缓解他人的敌对情绪。很多人气愤的诉说，并不一定需要得到什么合理的解释或补偿，而是需要把自己的不满发泄出来。这时候，倾听远比提供建议有用得多。如果真有解释的必要，也要避免正面冲突，而应在对方的怒气缓和后再进行。

十招改善你的人际关系

1. 保留意见

过分争执无益自己且有失涵养。通常，应不急于表明自己的态度或发表意见，让人们捉摸不定。谨慎的沉默就是精明的回避。

2. 认识自己

促进自己最突出的天赋，并培养其他方面。只要了解自己的优势，并把握住它，则所有的人都会获得成功。

3. 决不夸张

夸张有损真实，并容易使人对你的看法产生怀疑。精明者克制自己，表现出小心谨慎的态度，说话简明扼要，决不夸张抬高自己。过高地估计自己是说谎的一种形式。它能损坏你的声誉，对你的人际关系产生十分不好的影响，有损你的风雅和才智。

4. 适应环境

适者生存，不要花太多精力在杂事上，要维护好同事间的关系。不要每天炫耀自己，否则别人将会对你感到乏味。必须使人们总是感到某些新奇。每天展示一点的人会使人保持期望，不会埋没你的天资。

5. 取长补短

学习别人的长处，弥补自己的不足。在同朋友的交流中，要用谦虚、友好的态度对待每一个人。把朋友当做教师，将有用的学识和幽默的言语融合在一起，你所说的话定会受到赞扬，你听到的定是学问。

取长补短

6. 言简意赅

简洁能使人愉快，使人喜欢，使人易于接受。说话冗长累赘，会使人茫然，使人厌烦，而你则会达不到目的。简洁明了的清晰的声调，一定会使你事半功倍。

7. 决不自高自大

把自己的长处常挂在嘴边，常在别人面前炫耀自己的优点。这无形贬低了别人而抬高了自己，其结果则是使别人更看轻你。

8. 决不抱怨

抱怨会使你丧失信誉。自己做的事没成功时，要勇于承认自己的不足，并努力使事情做圆满。适度地检讨自己，并不会使人看轻你，相反总强调客观原因，抱怨这，抱怨那，只会使别人轻视你。

9. 不要说谎、失信

对朋友同事说谎会失去朋友同事的信任，使朋友、同事不再相信你，这是你最大的损失。要避免说大话，要说到做到，做不到的宁可不说。

10. 目光远大

当财运亨通时要想到贫穷，这很容易做到。聪明人为冬天准备。一定要多交朋友。维护好朋友同事之间的关系，总有一天你会看重现在看来似乎并不重要的人或事。

学会说“您是对的”

心理学家说，每个人都渴望着引起他人的注意（当然小偷和通缉犯除外）；其实，这是因为每个人在心底都有一种被认同的渴望。掌握认同别人的技巧，是你人际交往中必修的课程。没有人喜欢“杠头”。其实，学会说“您是对的”并不比摊一只鸡蛋困难多少。但是，要摊好这个鸡蛋，也要你费一番脑筋。

1. 成为赞同的人

有一种人，似乎天生就是“杠头”，喜欢和别人对着来。这绝对不是表现你的执著或者聪明的好办法。而且，如果这样下去，你很可能最终成为不被大众欢迎的人。努力在你的头脑里构造一个思维框架，培养一种赞同的态度和性格，这样你就会发现，其实，值得你去赞同的人和事多着呢！

2. 勇敢地开口

仅仅有赞同别人的态度是不够的，你要让对方知道。有些人喜欢用点头的方式来表示，这不是最好的办法。你应该说一句“是的”，勇敢地直视着对方的眼睛说“您是对的！”

3. 永远不要争论

别人并不总是能让我们说“您是对的”，有的时候，我们真的无法接受对方。这个时候，不要违心地说“您是对的”，也不要勇敢地说“您错了”（除非万不得已）。在任何时候，都不要陷入争论当中去，即使您是对的。在争论中，没有人能够获胜。

说服：晓之以理，动之以情

1. 解决矛盾需说服

矛盾普遍存在，社交场合也无例外。解决矛盾，一般都通过说服，只有经过长期说服无效，矛盾性质又日益激化，才采取非社交的强制手段，但那仍然需要以说服作为辅助手段。说服不限于思想教育工作，传播知识、治疗疾病、经济谈判等等，都离不开说服。即使志同道合的挚友之间，也不可能永远事事认识、见解完全一致；若要取得一致，就要通过说服。说服工作处处有，经常有，它的应用范围极为广泛。

说服人家动摇、改变、放弃己见或信服、同意、采纳你的主张，实质上是一场从精神上征服人心的战斗，但又不能使对方有丝毫被迫接受的感觉。一个人几十年形成的思想观点，一个民族千百年形成的风俗习惯、思维定势，你休想通过三五次苦口婆心

说服别人

的说服，就轻易改变。一种崭新的学说、理论、观点、方法，即使已通过一定的实践证明其正确性、科学性、合理性，但要深入人心，仍需经过长期、反复的宣传和说服。说服需要耐心、韧性，打持久战。但遇有特殊情况，也需要集中力量打歼灭战，速战速决。有的说服，三言两语，就说到了对方的心坎上，疙瘩迎刃而解；有的说服，越说对方越不服，结果不欢而散。这说明说服有一定的规律，是一门交谈、对话的艺术。教师、医师、律师、推销员、宣传员、外交官等，天天在做说服工作，一生以不断说服人为己任，更有必要探讨、研究说服的规律，掌握说服的艺术。

2. 道理、情感、利害

晓之以理，动之以情，衡之以利，是最常采用的说服方法。

晓之以理，就是讲道理。简单的事情，小道理，一两个典型事例，再加上简明、扼要的分析，道理就可以讲清楚。复杂的事情，大道理，涉及多方面的因素，触动一点就牵动全局，必须全方位、多层次、多角度地进行一系列的说服工作，从多方面展开心理攻势，并以严密的逻辑推理，如水到渠成地得出结论。这个结论不宜由自己单方面推断出来交给对方，最好以征询意见的口气引导对方同你一起来推理，共同探讨得出结论。让他把你的意见、主张，当做自己寻求的答案，自愿接受，自动就范。这样的说服更高明。因为对于经过自己头脑思考发现的真理，人们更坚信不疑。晓之以理，要满怀信心，争取主动，先取攻势。当对方已明确、坚决地表示“不行”、“不干”、“不同意”等等之后，再说服他，就要付出加倍的努力。当然，争取主动仍要运用委婉、商榷的语气，切忌盛气凌人、以势压人。如对方因此而产生逆反心理，再说服他，同样也要付出加倍的努力。

晓之以理，还要结合动之以情，通情才能达理。牧师布道宣传的是唯心主义的宗教，但因以情动人，往往能在催人泪下的同时，不露痕迹地对听众施加思想影响，使人不知不觉地接受其教义。这就是情感的力量。对于形象思维强于逻辑思维的青少年儿童，对于多数平日没有深刻的理论思维习惯的人，以事比事，将心比心，运用其自身或熟人的经验教训，再加上感情色彩浓厚的语言，去进行绘声绘色地诉说，易令人感到亲切可信，引发情感上的共鸣，从而为接受道理扫清了障碍，铺平了道路。

所谓“衡之以利”就是权衡利弊得失，讲清利害关系。那些实惠观念很强的人，理难服他，情难动他，唯有“衡之以利”是切实有效的一招。且不论对国家、对社会的利害如何，就是只从个人实实在在的得失考虑，他也应趋利避害、以接受你的说服为上策。那些明事理、重情义的人，并不过分讲究实惠。但你仍应设身处地充分考虑对方的切身利害、实际困难。在此基础上进行说服，才称得上是真正的通情达理，也更令人心悦诚服。人生在世，要求得以生存与发展，必然有各种各样的正常需要，如果丝毫不考虑对方的合理需要，双方交谈就没有共同的语言，说服就无从谈起了。如果看准了对方的需求，说服就能有的放矢，确有成效。

3. 说服与批评的异同

说服与批评之间，既有相似相通之处，又有相异相悖之处。这是两个有部分外延交叉重叠的概念。

说服与批评，都有对人施加思想影响，从心理上征服人的意图。批评常辅以说服，批评离不开说服；说服有时也带有批评，但说服不一定都带批评。如推销产品时，一般都是向对方大讲好话，极少有批评顾客、买方的。被批评者，一般都有缺点、错误。批评的目的就是为了帮助对方改正。说服人接受你的主张，总要或多或少能给对方带来一定的精神上或物质上的好处。说服的过程，就是宣传这种好处，令对方信服。被说服者不一定有什么缺点、错误，他放弃的主张与接受你宣传的主张，不一定有正误之分，也可能只有全面、完美的程度之别。

批评的态度较严肃或严厉，说话的语气也较重、较强硬；说服的态度较温和，说话的语气较轻、较委婉。批评的话语，贬义词多于褒义词，否定词多于肯定词。说服的话语，褒贬皆可。根据说服的对象与内容的不同，有时褒多于贬，有时贬多于褒。如果进一步仔细分类，说服还可以再分为批评性说服与赞美性说服两类。接受批评，可能会属于自觉自愿，也可能多少带点勉强。接受说服，完全是自觉自愿，不带任何勉强。

民主空气浓厚，解决矛盾纠纷，统一思想认识时，说服多于批评，协商多于命令，其结果是人际关系和谐，人心团结向上，社交往来活跃。反之则人际关系紧张，人心貌合神离，社交生活沉寂。虽然说服与批评皆不可少，但我们希望在一切社交场合，说服多一些，批评少一些。遇有矛盾分歧，尽可能多采用说服手段。

面对不拘小节的人

人的性格脾气是各种各样的。有

的人注意细节，做什么事都有个讲究，言行、礼仪、服饰、交往等都有个规范。有的人则不拘小节，许多方面大大咧咧、随随便便。讲究细节的自有其理由，不拘小节的人也有自己的道理。假如您是前者，在邻居和同事中又有些不拘小节的人，他们常常要和您往来，如果您不想伤害彼此的感情，又想减少一些麻烦，那么，您该如何对待呢？

事先提醒

有些人的不拘小节，是在家养成了不好的习惯，到别人家以为也和自己家一样，无所顾忌。对这样的人，可事先提醒，要他知道此处不是彼处。江某家在农村，他爱抽烟，平时又不讲究，烟灰随手弹、烟蒂到处扔。他到镇里的妹妹家做客时，妹夫知道他有这种习惯，他一到就立即递上烟灰缸，提醒他把烟灰烟蒂放在缸内。一开始，江某不习惯，时不时又弹在地上。妹夫一发现，再次提醒。几次后，他也就改掉了。事先提醒，可避免尴尬，减少麻烦。提醒时，态度尽可能和蔼些，不要命令式，有时，可用动作示意，不一定要用语言。

行为示范

有些行为事先无法提醒，有些场合，又不适宜用言语表达。对此，不妨采用动作示范的方法，用自己或自家人的行为做个样子给他看看，表示自己赞成什么、厌恶什么。小航的邻居阿荣，常向小航家借些筷子、碗盏、针线或螺丝刀什么的，有的还，有的拖好长时间才还，有的索性不还。小航知道阿荣不是故意想赖，而是认为无所谓。一次，小航家来了客人，就故意叫孩子去借几双筷子。一用完后，马上叫孩子送去，并教孩子说："妈妈说借了别人的东西一定要当时归还。"一次，小航又向阿荣借了一支圆珠笔，用后当即自己送去，对阿荣说："我这个人记性差，不知道有没有东西借了没还的，特别是小的，很容易忘记的。"此话一讲，阿荣显得有点尴尬，马上想起自己借的一些小东西，当即找了一样要小航带去。行为示范，实际上就是以身作则，如果针对性强，一般效果是不错的。

委婉劝说

有些不拘小节的人辈分高、资格老，或者担任一定的领导职务。遇到这种人，可用委婉劝说的方法，让他明白您不大赞赏他的行为习惯或态度、作风。小吴对面住着同单位的老金，他是厂里的工会主席，技术上也有一手，待人热情诚恳，但就是生活上比较马虎，不讲仪态。夏天，常光着身子，穿条短裤走这家串那户。小吴是技术科的，中专毕业，作为一个有知识的女性，她很不习惯老金的这种仪态。一个双休日，老金邀小吴的丈夫去另一个同事家下棋。小吴对丈夫说："衬衫穿上，到别人家去总得有个样子，拖鞋脱了，换双凉鞋。"这一讲，使老金马上有所觉察，他说："等一下，我也去穿件衬衫、换双鞋。"小吴见机已到，顺水推舟道："金师傅，您这个人很热情、很随和，可我觉得在穿着上太不讲究了，有时让人受不了。"待老金穿好衣衫返回，小吴赞扬道："这一身多神气啊！金师傅，其实，您是很上穿的。"说得金师傅舒服极了。以后，他渐渐改变了原先不讲仪态的习惯。

直言相告

不拘小节的人，言语承受力一般都比较强，因此，有时讲他几句也没关系。在适当的时候，您可以直言相告，让他清楚：您不赞赏他的这种行为，并希望以后不要再发生类似的事。马某平时较随便，对自己的东西也不大看重。一次，他借了同事小张的一本专业书，几天后，他还给了小张。小张一看，封面弄得皱巴巴，再一翻，里面批注和涂涂画画也不少。小张心里很不是滋味，他直言道："小马，怎么在我的书上涂涂画画，还写了什么批注，你该知道，这是我的书，只有我才有权利在上面写，以后得注意点。"直言相告，当然不适宜于所有的人，同时，也要注意场合，在有他人的情况下，更要慎重，以照顾对方的面子。

巧妙拒绝

有些人习惯成癖，你暗示、提醒，或者直言相告，对他都不起作用，他依旧我行我素，而且还常常打扰您、影响您。这样，您只有设法躲避，或故意冷淡、或巧妙拒绝。可根据对方的时间来躲避，如对方通常在晚上七点左右串门，那您就在这个时间前一些外出一下，以免被他缠住。假如您无法躲避，对那些无话找话、无话坐半天的常客，可不泡茶、不递烟，以示故意冷淡，或者一个劲地打哈欠、打瞌睡给他看。如果对方还不肯走，那只好直接谢客。当然，谢客一定要有理由，譬如说自己身体有点不适，想睡觉了，或者要外出办点事，是不是以后选个时候再聊，等等。拒绝是难堪的，但只要方法巧妙、措词恰当，也不一定会伤害彼此感情。

不拘小节的人对别人也往往不计较，但您不能跟着他不计较，以免他更加随便、更加放纵。譬如阿王平时很不讲究，有时会顺手捧起别人的茶杯就喝。一次，您外出回来，口渴了，阿王立即递过他自己喝过的茶让您喝。这时，您一方面要表示感谢，一方面又要拒绝，说："我自己泡，喝别人喝过的茶，我总好像有点不习惯。"假如阿王这样说："我又没病，你怕什么?"您可以说："我知道你没病，但我的心里总有点别扭，谢谢啦!”这样，阿王以后完全有可能不再喝您的茶了。假如您一时没注意，喝了他喝过的茶，那么，他以后就会更随便。

如何与有嫉妒心理的人相处

1. 走自己的路，让别人去说

与有嫉妒心的人相处时，最好不要特意采取一些方式方法来对付有嫉妒心的人。因嫉妒心理本身就是多疑的、爱猜忌的。所以，倒不如将有嫉妒心的人当做普通人来看待，俗话说，见怪不怪，其怪自败。与其说费尽心思去琢磨，不如来个“无为而治”，落得个“无为而无不为”的效果。

孔子（前551年~前479年）

2. 采取妥协和退让的必要策略

(1) 大智若愚，难得糊涂

孔子曾说：聪明圣智，守之以愚；功被天下，守之以让；勇力抚世，守之以情；富有四海，守之以谦。这不仅是一种单纯的策略，事实是，当一个人在鲜花与掌声中时，更需谦虚、谨慎，这不仅防备被嫉妒，而且能从根本上调整自己。

(2) 以爱化恨，以让抑争

以爱化恨法主要是以真诚的爱心去感化嫉妒者，从而消除和化解嫉妒。老百姓常说，“恨是离心药，爱是胶合剂”。因此，当你遇人嫉妒时，如果能够以德报怨，用爱心去感化嫉妒者，恩怨也就自然会化解了。

以有原则的忍让来抑制无原则的争斗，这是根治双向嫉妒和多向嫉妒关键之举。如果嫉妒者向你发出挑战，你不但不迎战，反而退避三舍，以不失原则的适度忍让来求大同存小异，或是求大同存大异，都不失为化解嫉妒，免遭嫉妒的好方式。

3. 说服、鼓励的对策

有些嫉妒是因误会而产生时，就需要进行说服和交流。否则，误会越来越深，以至严重干扰和破坏人际关系的正常交往。在说服时要注意心平气和，也要做好多次才能说服的准备。

对嫉妒者还要采取鼓励的态度。因为嫉妒者是在处于劣势时产生的心理失落和不平衡，虽表面气壮如牛，但内心是空虚的，且隐含着一种悲观情绪。所以对嫉妒者采取鼓励的态度十分必要，主要是客观地分析他的长处，强化他的信心，转变他的错误想法，而且还要在力所能及的情况下，为嫉妒者提供一些实质性的帮助，使嫉妒转向公平竞争。

怎样与不同品性的人打交道

现实生活中，有些人内心方正，有些人内心圆滑，有些人对外方正，有些人对外圆滑。从这个角度考察，人物呈现四种形态：内方外方，内方外圆，内圆外圆，内圆外方。“到什么山上唱什么歌。”和不同形态的人物交往，要用不同的交际之道。

1. 对内方外方的人要诚实委婉

日常交往中，有些人直来直去，有棱有角，从而不太讨人喜欢。他们往往性太直，情太真，血太热，气太傲。他们往往处世认真，不留余地；做事投入，过于突出；活力四射，难免张扬；才华过人，忘记平衡。他们坚持是我的错，我就承认，决不东推西挡；是你的错，就是你的错，想赖也赖不掉。这种形态的人，便是内方外方的人。表里如一、秉公立世，是对这些人的美丽评价。“不为五斗米折腰”，是这类人创下的可歌典故。忠心耿耿的屈原、刚直无私的包拯，是这类人物的典型代表。如果社会上缺乏这种人，那是不堪设想的，因为他们是空气的去污剂，丑行的绊脚石。

同这种形态的人物交往，一要诚实。内方外方的人不会口蜜腹剑，不会阳奉阴违，是值得信赖、值得尊重的人物，所以要待之以诚，关心爱护。如果对他们虚伪猜忌，往往会使他们产生强烈反感情绪，并且他们还会把这种不满表现在脸上，使你们之间的心理距离扩大。二要委婉。内方外方的人做事不灵活，言辞不变通，往往会使一些人陷入难堪境地，所以和他们交往，要注意婉转。当看到内方外方的人口无遮拦时，尖锐抨击时，要采用一个合适的方式转移主题，或者幽上一默，赞扬一句，巧妙地加以引导。内方外方的人是心地纯正、刚直无私的人，不应该因为他们曾经“刺伤”过你，就对他们计较，就对他们发火。

有位内方外方的大作家在如日中天的时候，接到一位青年的来信。这位青年说，要同他合写一部小说。大作家看后，心中有点生气，他在信中毫无保留地写道：“先生：你怎么如此胆大包天呢？竟然想把一匹高贵的马和一头卑贱的驴子套在同一辆车上。”这位青年灵机一动，在回信的开头写道：“尊敬的阁下：您怎么这样抬举我呢，竟然把我比作马？”在信的后半部分，这位青年将自己的写作特长、潜力，合作的必要性、可行性以及对青年成长的影响等等一五一十地写出来。大作家接到信后，哈哈大笑起来，立即回信道：“我的朋友：您很有趣，请把文稿寄过来吧，我很乐意接受您的建议。”在这个事例中，青年曲解原意，幽默风趣，言辞诚恳，出奇制胜，说服了大作家。

2. 对内方外圆的人要有礼有节

当直来直去会伤害别人自尊心的情况下，当有棱有角会使自己陷入难堪境地的情况下，当方方正正不能达到满意效果的情况下，有些人会采用圆滑变通的策略。明明是正确的，应该义无反顾地坚持，但因为坚持的阻力太大，就违心地装聋作哑了；明明是错误的，应该理直气壮地驳斥，但为了一己私利，就压抑着默不作声了。这些人宁可雌伏苟且，亦不雄扬招妒；凡事权衡利害，决不感情用事。这些人，就是内方外圆的人。他们洁身自好，处世练达，唯唯诺诺，谨小慎微，既有原则性，又有灵活性。因为聪明强干，而又锋芒不露，喜怒不形于色，所以四平八稳，八面玲珑，在复杂的人际、利益关系中，亦往往游刃有余。在大厦将倾之际，内方外圆的人会和内方外方的人共同构成支撑濒危建筑的梁柱。洞明世事的诸葛亮、谦虚自律的曾国藩，是这类人物的典型代表。

同这种形态的人物交往，一要有礼有理。内方外圆的人虽然表面随和，但内心却是厌恶粗鲁，仇视邪恶，无礼无理的人是不能和这类人结为至交的。如果想缩短同这类人的心理距离，就必须表现出你的积极、健康、向上的交往心态。耻于见人、低三下四的言行举止，尽量在这些人面前少出现，如此，才能得到这类人物的认同。二要有节有度。内方外圆的人，即使对他人相当反感，也不会把不满情绪表现在脸上，他表面上对你很友好，但他的内心究竟如何却使你捉摸不透。因此，同他们交往，要讲究分寸，把握适度，不要因为他的脸上挂着微笑，就得寸进尺，忘乎所以。

一位富有的华侨雷先生，想到贫穷落后的故乡考察办厂。接待他的王乡长非常热情，先是请他到酒店小聚，雷先生抹不过面子，只好“入乡随俗”了。但雷先生不擅饮酒，几杯下去，就面红脖粗，摇头拒饮了。可是王乡长为表达自己的“地主之谊”，哪难不让其喝足呢？于是说尽好词，劝其“再进”、“再进”一杯酒。雷先生不忘自己的谦谦君子风范，就勉强地多喝了几杯。酒后，王乡长为表达自己的“好客之情”，力邀雷先生“OK”一番，本来雷先生不喜欢唱歌，但为了不伤及王乡长的自尊心，便陪着他折腾了一个晚上。第二天，雷先生留下了1000元钱，用以支付昨天的招待费，便离开了这块尚是贫瘠的家园。王乡长非常纳闷，雷先生一直兴致勃勃，为什么会突然离开呢？唉！王乡长不明白雷先生的特点：内心方正，看不惯王乡长的强人所难，看不惯王乡长的浪费时间；对外却又圆通，不去当面指责，不丢自己风度。如果王乡长在接待雷先生一事上有礼有节，恰到好处，那结果又会怎样呢？

3. 对内圆外圆的人要有板有眼

生活中，有些人长于研究“人事”，偏重于个人私利，该低的头就低，该烧的香就烧，该拉的关系就拉，该糊涂的事就糊涂，该下手时就下手。不但为人处世圆滑老到，而且内心对自己并无什么约束、什么戒律，很少去追问人生真正的意义。他们遇到好事、露脸的事、有利的事，就去抢；遇到坏事、无名的事、无利的事，就去推。这种形态的人物，便是内圆外圆的人。与内方外圆的人不同点是，他们一般不会同情弱者，救济穷人，甚至为了私利，还会算计人，歪曲人。这种人的代表，当属一些市井无赖，街头小人。由于他们缺少顶天立地的气概，所以一般不会成为大器。

同这种形态的人交往，要有板有眼。由于他们内心深处，并无什么必须遵守的做人规则，所以，可能干出表面华丽亮堂、实则损人利己的伎俩。对他们的不当做法，应该明确指正，不要因为太爱面子，便不好意思将实情说出口，使自己受委屈。另外，与内圆外圆的人合作，要有所保留，有所提防，不要过于相信他们。内圆外圆的人非常清楚自己的缺点，所以也害怕别人不讲义气，不守诺言，因此，和这样的人打交道，要清楚地示意他们：如果你讲信用，那么我就守诺言。在这种做法引导下，能够使他们在正确交际轨道上行驶。

某公司的王二，是个典型的内圆外圆的人。有一件事就很能够说明这个问题。某同事到外地出差，王二笑嘻嘻地请其给他捎带某某商品。等到同事把买来的商品送到他手上后，王二却恰到好处地忘记给钱。过了十天半月，王二非常严肃地、跟没事人似地问道：“我给你钱了吧？你可别不好意思？”谁能为百八十块的钱儿跟他认真呢？这样，王二就白白赚了同事一个小便宜，他为自己略施小技获得成功高兴不已。在这个事例中，王二抓住了人们的弱点，去获取个人的私利。对此，王二的同事不应该不把实情说出口，他应该明确指出王二确实没有给钱。如此的话，既不会使自己受到损失，也不会得罪王二这个人。

4. 对内圆外方的人要灵活变通

有些人张口是人民利益，闭口是党纪国法，但肚子里却装的是男盗女娼、个人私利。他们在台上慷慨激昂，俨然一副正人君子模样，台下却干些乌七八糟、见不得人的丑事。这种人在领导眼前、群众面前浑身都是一派正气，但自己心里却非常清楚自己是一个什么样的人物。这样形态的人，便是内圆外方的人。因为搞言行两张皮，玩弄两面术，所以极具欺惑性。生活大舞台上，他们是出色的演员。罩着金色光环的贪官，披着华丽外衣的恶人，就是这种形态人物的典型代表。他们很会包装自己，如果剥开这层包装，就会原形毕露。“金玉其外，败絮其中”，是对他们的恰如其分的评价。

同这种形态的人物交往，要灵活变通。由于他们嘴上一套，心里一套，所以和他们打交道，既不能不听他们说的，又不能完全相信他们说的。如何交往，运用什么策略，采用什么方式，说出什么内容，要根据当时情况灵活变通，切不可被他们的“精彩论述”迷住了双眼，进入了死胡同。与这类人交往，首要的任务是根据各个方面的信息，分析出他的真实用心，然后再对症下药，巧妙引导。如此的话，就能够把他们带到正确的交往轨道上来。

小宋想在出国留学之前，和恋人小薛办理结婚登记手续，可是接待他们的民政局婚姻登记处严主任说：“小宋啊，你离登记年龄还差两个月呀！法律有规定，别说差两个月，就是差两个小时都不行。”没办法，两个人一脸惆怅地回到家里，闻听此事的他家邻居、在公安局上班的迟科长说：“身份证上也没有精确到出生时辰呀，怎么会差两个小时都不行呢？这个严主任定是个口是心非的人。按照我们地方规定，像你们这种情况，是应该予以照顾的。这样吧，明天你们再去一趟，就说你的叔叔、民政局李局长的同学、公安局迟科长说严主任神通广大，体恤民情，会积极争取领导支持，给一个照顾指标的。”第二天，这种说法果然发生了效力。严主任沉思了半天，对他俩说：“昨天下午，我们才接到上级文件，情况特殊的青年男女应该予以照顾。这样吧，你们填一下登记表格吧。”事情就这样顺利办好了。这位马主任是个典型的内圆外方形态人物，他表面上把自己装扮成一个道貌岸然、不徇私情的人物，肚子里却装满了大鬼小鬼，为树“形象”，假话连篇。小宋俩人根据迟科长的提示，作了一下变通，从而使问题得到解决。我们社会要想健康发展，就应该坚决不用严主任这样的人物担当重任。

交际禁忌

礼貌忌语是什么

指引起误解、不快的语言。

不礼貌的语言，如粗话脏话，这是语言中的垃圾，必须坚决清除。他人忌讳的语言是指他人不愿听的语言，交谈中要注意避免使用。如谈到某人死了，可用“病故”、“走了”等委婉的语言来表达。港、澳、台同胞忌说不吉利的话，喜欢讨口彩。特别是香港人有喜“八”厌“四”的习惯。因香港人大都讲广东话，而广东话中“八”与“发”谐音，“四”与“死”同音。因此，在遇到非说“四”不可时，应用“两双”来代替。逢年过节时，不能说“新年快乐”或“节日快乐”，而用“新年愉快”、“节日愉快”或“恭喜发财”代之。这也是谐音的关系，因为“快乐”与“快落”听起来很相似。

容易引起误解和不快的语言也要注意回避。在议论其长相时，可把“肥胖”改说成“丰满”或“福相”，“瘦”则用“苗条”或“清秀”代之。参加婚礼时，应祝新婚夫妇白头偕老。在探望病人时，应说些宽慰的话，如“你的精神不错”，“你的气色比前几天好多了”等等。在日常生活中，如遇到矛盾冲突时，应冷静处置，不用指责的语言，多用谅解的语言。

和人交往两忌

1. 忌随便发怒

在日常的社交活动中，人们都愿意和性格豪爽的人交往。在社交场合，除非是原则问题，不要争得面红耳赤。一般来说，不要为一些鸡毛蒜皮的小事生气，勃然大怒，甚至翻脸，要表现出有气量，有涵养。俗话说：“气大伤身。”发怒者会伤身，对自己的形象也有不良的影响。动不动就生气的人，会失去朋友。

如果有人招惹了你，你很想发脾气，那么请控制住自己。你可以尝试一下散步，数数，深呼吸等活动，这样或者可以平复你的怒火，避免争执。

如果是你的错，就应该马上道歉；是他人的原因，就向他解释一下，然后走开，避免不必要的对抗情绪。

2. 忌玩笑过度

朋友、熟人之间适当开开玩笑，可以活跃气氛、融洽关系，增进友谊。但开玩笑一定要适度，要因人、因时、因环境、因内容而定。

人际交往的误区

曾有位哲人说过："没有交际能力的人，就像陆地上的船，永远到不了人生的大海。"人们学习知识进入社会，了解自我，获得新生和爱情，都是在人际交往中发生的。没有与别人的交往，人类就无法生存。

随着市场经济的发展，各种机遇和挫折也纷至沓来，面对这种激烈的竞争和日益增大的社会心理压力，人们就更需要吝啬交往的数量和质量。培根在《论友谊》中写道："如果一个人有心事却无法向朋友诉说，那么他必然成为操作自己身心的人。"

培根（1561～1626）

因此，在现实生活中，无论有多么强的能力，多么好的条件，如果没有良好的人际关系，既无法取得成功，也不会得到生活的幸福和身心健康。

对于如何能建立良好的人际关系，不少的人则感到迷茫，他们往往抱怨自己运气不好，怨天尤人，认为自己周围生活圈子里的好人太少，无法进行满意的交往，实际上，这是因为他们的交往活动存在着千差万别。这些主要有：

1. 自私，人际交往中的功利性

有的人与别人交往时处处从自己着想，只关心自己的需要和利益，强调自己的感受，把别人当做满足私欲的工具。不尊重他人的价值和人格，漠视他人的处境和利益。在交往中，目中无人，与同伴相聚时，不顾场合，也不考虑别人的情绪，自己高兴时，高谈阔论，手舞足蹈，不高兴时，则抑郁寡欢或乱发脾气。这种人在交往中，缺乏对自己的正确认识，无论他们多么精明，掌握了多少交往的技巧，永远也不会与人建立牢固、持久的良好人际关系。只有心地善良，待人以诚，能设身处地为别人着想的人，才可获得挚友。

2. 冷漠、孤僻、人际交往中的封闭性

有些人在与别人交往时，总喜欢把自己的真实思想、情感和需要掩盖起来，在他们看来，人世一切是那么无聊，令人厌倦、平淡、无意义。他们往往缺少一种孤傲处世的态度，只注重自己的内心体验，他们的行为和习惯有时令人难以理解。这种人交往的失败就在于在心理上建立了一道屏障，把自我封闭起来，无法与别人沟通。因此，他们只有吝啬自我的“透明度”，敞开自己的心扉，用热情、坦诚去赢得别人的理解。这种合适的自我坦露可以增加一个人的吸引力。

3. 自卑、多疑，人际交往中的戒备和敌意性

在生活中，有些人缺乏对自己的正确评价，往往对自己过于苛求，估计太低。如有些青年人感到自己的身体、相貌缺乏魅力，或感到自己能力欠缺，产生自卑心理，然而事实上，他们并不一定是没有魅力、能力差；事业成就低下者反则是自己期望过高，不切实际，对别人过于敏感，总是认为别人看不起自己。其实，在他们深层的心理体验里则是自己看不起自己，他们害怕挫折、失败，特别是在权威、强者或一些强词夺理的人面前，总是感到手足无措，有时则表现出一种戒备和敌对情绪。他们往往先在自己的思想里，设想别人对自己的不满，然后在生活中寻找产生的证据。有时则把一些无中生有的事实强加于别人，甚至曲解别人的善意，长此下去，他们就会把自己的交往范围限制在父母、家庭这样一个小圈子中，有的则会产生厌世心理。对于这种人，必须有一个清醒的认识，新生自我，接受自己，无论与任何人交往都要做到不亢不卑，既不取悦别人，以博得好评来满足自己的虚荣心，更不需要在别人面前显示自己，炫耀自己，以提高自己的身价。

价值正是在于自身，并不随别人的评价而改变。这样，就能渐渐消除多疑心理，从而获得多数人的尊敬。

令人讨厌的谈话方式和态度

令人讨厌的谈话方式和态度：

1. 灰暗

（1）对事物和他人持否定态度的人；

（2）讲话方式和神态让他人感到压抑的人；

（3）总让人觉得有所隐瞒的人。

2. 不负责任

（1）不愿承担责任，一旦出现某些不利情况便怪罪到他人身上的人；

（2）工于心计，只会以自己的利益为中心进行思考和行动的人；

（3）态度暧昧，常常使人感到不安的人。

3. 不信任感

（1）口若悬河，轻易地泄露秘密而不能令人相信的人；

（2）说话不算数，靠不住的人；

（3）爱说谎，嘴上说得很动听却使人感到不踏实的人。

4. 自我封闭

（1）戒心十足，不能放松地倾听对方说话的人；

（2）强词夺理，只想保护自己的人；

（3）懦弱、退缩、装腔作势等，给人感到不坦率的人。

5. 过分自卑

（1）说话时含糊其辞，令人不知道他究竟想说什么的人；

（2）太拘泥于小事，过分敏感，让周围的人感到窒息的人；

（3）性情乖僻、莫名其妙的卑微、爱溜须拍马的人。

6. 消极

（1）凡事退缩、没有勇气贯彻自己信念的人；

（2）喜欢孤独，不合群，缺乏想要搞好人际关系的气概的人；

（3）总是保持着清醒而无动于衷的人。

7. 轻薄

（1）缺乏做人的内涵，不能使人感觉到那份深刻的人；

（2）喋喋不休，信口开河，很少为他人着想的人。

8. 以我为中心

（1）态度和礼仪等很少顾忌到他人的人；

（2）不理解自己的处境，过分固执的人；

（3）心术不正，或只想教训他人的人。

9. 偏执型

（1）经常采取极端的态度，凡事爱做两极思考的人；

（2）还没等他人说完就迫不及待地作出反应的、不善于倾听的人；

（3）自己缺乏主见，所以举止残忍，或动辄恐吓他人的人。

10. 支配他人

（1）喜欢施恩于他人，使自己处于有利地位的人；

（2）孤行己见，与他人难以通融的人；

（3）目中无人，傲慢的人。

如果具有上面所举的特征，一般就会引起别人的讨厌。

社交禁忌

在社交场合，有许多礼仪、习俗、礼节是需要特别注意的，其中的一些东西近乎于某种禁忌，当事人最好不要触犯，否则会被认为不懂礼貌，有时甚至会导致关系的破裂。在国际商业交往中，这些禁忌尤其需要生意人予以注意。

1. 选用选送某种物品、图案的禁忌

例如，法国人视核桃花为不祥之物，伊斯兰教民忌讳用猪作为某种图案，瑞士人视猫头鹰为死人的象征。

2. 颜色的忌讳

在欧美国家，尽量少用黑色，比利时人忌讳蓝色，而巴西人则忌讳棕黄色。

3. 交往的忌讳

在一些场合，衣着要合适。与欧美人打交道时，少涉及私人性质的问题。交往中的举止要得体，与一些地方之人交谈时不要跷“二郎腿”。在一些国家，不要摸小孩头顶。在印度、印尼、阿拉伯国家，用左手与人接触或传送东西是不合适的。此外，在一些地方，笑有不同的含义，例如，在沙特阿拉伯的一个地区，笑被看做是不友好的象征。

4. 数字的忌讳

西方人把“十三”视为不吉利的数字，在许多场合尽量避免使用这个数字。南方许多生意人非常喜欢选用“八”这个数字，而忌讳用“四”这个数字。此外，“星期五”这一天也被一些基督徒视为凶日。

此外还有一些其他方面的禁忌需要注意，如男女之间交往，尽量避免谈论女人的年龄。与阿拉伯人交往，务必尊重他们的习俗等等。

成功交谈12忌

1. 忌居高临下

不管你身份多高，背景多硬，资历多深，都应放下架子，平等地与人交谈，切不可给人以“高高在上”之感。

2. 忌自我炫耀

交谈中，不要炫耀自己的长处、

成绩，更不要或明或暗拐弯抹角地为自我吹嘘，以免使人反感。

3. 忌口若悬河

如果对方对你所谈的内容不懂或不感兴趣，不要不顾对方的情绪，自己始终口若悬河。

4. 忌心不在焉

当你听别人讲话时，思想要集中，不要左顾右盼，或面带倦容、连打呵欠；或神情木然、毫无表情，让人觉得扫兴。

5. 忌随意插嘴

要让人把话说完，不要轻易打断别人的话。

6. 忌节外生枝

要紧扣话题，不要节外生枝。如当大家正在兴致勃勃地谈论音乐，你突然把足球赛塞进来，显然不识“火候”。

7. 忌搔首弄姿

与人交谈时，姿态要自然得体，手势要恰如其分。切不可指指点点，挤眉弄眼，更不要挖鼻掏耳，给人以轻浮或缺乏教养的印象。

8. 忌挖苦嘲弄

别人在谈话时出现了错误或不妥，不应嘲笑，特别是在人多的场合尤其不可如此，否则会伤害对方的自尊心。也不要对交谈以外的人说长道短，这不仅有损别人，也有害自己，因为谈话者从此会警惕你在背后也说他的坏话。更不能把别人的生理缺陷当做笑料，无视他人的人格。

9. 忌言不由衷

对不同看法，要坦诚地说出来，不要一味附和。也不要胡乱赞美、恭维别人，否则，令人觉得你不真诚。

10. 忌故弄玄虚

本来是习以为常的事，切莫有意“加工”得神乎其神，语调时惊时惶、时断时续，或卖“关子”，玩深沉，让人捉摸不透。如此故弄玄虚，是很让人反感的。

11. 忌冷暖不均

当几个人一起交谈时，切莫按自己的“胃口”，更不要按他人的身份而区别对待，热衷于与某些人交谈而冷落另一些人。不公平的交谈是不会令人愉快的。

12. 忌短话长谈

切不可泡在谈话中，鸡毛蒜皮地“掘”话题，浪费大家的宝贵时光。要适可而止，说完就走，提高谈话的效率。

忌玩笑过度

朋友、熟人之间适当开开玩笑，可以活跃气氛、融洽关系，增进友谊。但开玩笑一定要适度，要因人、因时、因环境、因内容而定。

1. 开玩笑要看对象

俗话说："人上一百，形形色色。"人的性格不同。和宽容大度的人开点玩笑，或许可调节气氛，和女同学、女同事开玩笑，则要适可而止。

2. 开玩笑要看时间

俗话说："人逢喜事精神爽。"开玩笑，最好选择在对方心情舒畅时，或者当对方因小事生气时，通过开玩笑把对方的情绪扭转过来。

3. 开玩笑要看场合、环境

在图书馆、医院等要求保持肃静的场合，不要开玩笑，如在治丧等悲哀的气氛中，不宜开玩笑。

4. 开玩笑要注意内容

开玩笑时，一定要注意内容健康，风趣幽默，情调高雅。在社交活动中，忌开庸俗的玩笑。千万不要拿别人的生理缺陷开玩笑，例如不能以残疾人的生理缺陷。

餐饮礼仪

中国餐桌礼仪入门篇

人们总是以为，家居讲的只是装饰、家具等家居的元素而已。其实，我们的家就是我们的生活，家居包括了生活的方方面面，家居的改变缘于生活态度与观念的转变，体现国人素质。同样，餐桌上的礼仪也能体现出个人的素质与品位。而且中国人一定要对中国人繁杂的餐桌礼仪了解一二，才能不愧对我们数千年的历史与文明，才不至于贻笑大方。

餐桌礼仪在中国人的完整生活秩序中占有一个非常重要的地位，他们认为，用餐不单是满足基本生理需要的方法——也是头等重要的社交经验。为此，掌握某些中式餐饮规则的知识便显得特别重要了，无论你是主人，抑或只是一位客人，都必须掌握一些规则。

圆形餐桌颇受欢迎。因为可以坐更多人，而且大家可以面对面坐，一家之主的身份并不像西方长形餐桌上很清楚地通过他的座位而辨认。客人应该等候主人邀请才可坐下。主人必须注意不可叫客人坐在靠近上菜的座位。此为一大忌。

必须等到所有人到齐才可以开始任何形式的进餐活动——即使有人迟到也要等。一旦大家就位，主人家便可以做开场白了。进餐期间，主人必须承担一个主动积极的角色——敦促客人尽情吃喝是完全合理的。

一张典型中式餐桌看上去相当空，在西方人眼中尤甚。每张座位前可见放在盘上的一只碗；右面是一组筷子与汤匙，分别放在各自的座上。在正式场合上，会出现餐巾，主要放在膝上。

在正式宴席上，菜式的吃法很像放映的幻灯片，每一次一道菜。令人惊讶的是，米饭不是与菜式同上，不过可以选择同吃。由于菜式各有特色，应该个别品尝，而且一次只从碗中吃一种，不是混合品尝。不可用盘子吃，只能用碗。骨头和壳类放在个别盘中。不干净的盘子必须经常用清洁盘子替换。

除了汤之外，席上一切食物都用筷子。可能会提供刀叉，但身为中国人，最好用筷子。筷子是进餐的工具，因此千万不可玩弄筷子——把它们当鼓槌是非常失礼的做法，更不可以用筷子向人指指点点或打手势示意。当然，绝对不可吸吮筷子或把筷子插在米饭中，这是大忌——这正好像葬礼上的香烛，被认为是不吉利的。再有，不可用筷子在一碟菜里不停翻动，应该先用眼睛看准你想取的食物。当你用筷子去取一块食物时，尽量避免碰到其他食物。可能的话，用旁边的公筷和汤匙。吃完饭或取完食物后，将筷子放回筷子座。

一席中式餐饮如果没有茶便称不上正式了。为此，尽可能贮存不同品种的茶是明智的做法。有关茶的问题，应该注意几件关键的事。座位最近茶壶的人应该负责为其他人和自己斟茶——斟茶的次序按照年岁，由最长者至最年轻者，最后为自己斟。当人家为你斟茶时，礼节上应该用手指轻敲桌子，这样做是对斟茶者表示感谢和敬意。

一主六配点菜妙法

西餐在菜单的安排上与中餐有很大不同。以举办宴会为例，中餐宴会除近10种冷菜外，还要有热菜6～8种，再加上点心甜食和水果，显得十分丰富。而西餐虽然看着有六七道，似乎很繁琐，但每道一般只有一种，下面我们就将其上菜顺序作一简单介绍，希望对您初到西餐厅点菜时能有所帮助。

1. 头盘

西餐的第一道菜是头盘，也称为开胃品。开胃品的内容一般有冷头盘或热头盘之分，常见的品种有鱼子酱、鹅肝酱、熏鲑鱼、鸡尾杯、奶油鸡酥盒、焗蜗牛等。因为是要开胃，所以开胃菜一般都具有特色风味，味道以咸和酸为主，而且数量较少，质量较高。

2. 汤

与中餐有极大不同的是，西餐的第二道菜就是汤。西餐的汤大致可分为清汤奶油汤、蔬菜汤和冷汤等4类。品种有牛尾清汤、各式奶油汤、海鲜汤、美式蛤蜊周打汤、意式蔬菜汤、俄式罗宋汤、法式局葱头汤。冷汤的品种较少，有德式冷汤、俄式冷汤等。

3. 副菜

鱼类菜肴一般作为西餐的第三道菜，也称为副菜。品种包括各种淡、海水鱼类、贝类及软体动物类。通常水产类菜肴与蛋类、面包类、酥盒菜肴品均称为副菜。因为鱼类等菜肴的肉质鲜嫩，比较容易消化，所以放在肉类菜肴的前面，叫法上也和肉类菜肴主菜有区别。西餐吃鱼菜肴讲究使用专用的调味汁，品种有鞑靼汁、荷兰汁、酒店汁、白奶油汁、大主教汁、美国汁和水手鱼汁等。

4. 主菜

肉、禽类菜肴是西餐的第四道菜，也称为主菜。肉类菜肴的原料取自牛、羊、猪、小牛仔等各个部位的肉，其中最有代表性的是牛肉或牛排。牛排按其部位又可分为沙朗牛排(也称西冷牛排)、菲利牛排、“T”骨型牛排、薄牛排等。其烹调方法常用烤、煎、铁扒等。肉类菜肴配用的调味汁主要有西班牙汁、浓烧汁精、蘑菇汁、白尼斯汁等。

5. 蔬菜类菜肴

蔬菜类菜肴可以安排在肉类菜肴之后，也可以与肉类菜肴同时上桌，所以可以算为一道菜，或称之为一种配菜。蔬菜类菜肴在西餐中称为沙拉。与主菜同时服务的沙拉，称为生蔬菜沙拉，一般用生菜、西红柿、黄瓜、芦笋等制作。沙拉的主要调味汁有醋油汁、法国汁、千岛汁、奶酪沙拉汁等。

6. 甜品

西餐的甜品是主菜后食用的，可以算做是第六道菜。从真正意义上讲，它包括所有主菜后的食物，如布丁、煎饼、冰淇淋、奶酪、水果等等。

7. 咖啡、茶

西餐的最后一道是上饮料，咖啡或茶。饮咖啡一般要加糖和淡奶油。茶一般要加香桃片和糖。

注意上酒礼节

如何上酒这个问题在现在的普通家庭中较少或更少运用，但从愈来愈多的青年人接受新生活变化来看，还是有必要研究一下的。

正确方式为酒杯只倒1/2满。

不论宴会是在住家或餐厅举行，如果你提供的是珍品佳酿，务必把酒瓶拿出来给客人瞧瞧。

如果你提供的只是普通酒类，请事先把酒倒在有塞子的玻璃瓶内，玻璃瓶不用放在垫子或银盘上。

许多品酒师都觉得，加重酒精浓度的葡萄酒，应先倒进有塞子的玻璃瓶，再端出款客。

款客的红酒温度应相当于室温。

酒 类

如果你的红酒太冰，可建议客人用手暖酒。

宴会前请先把白酒摆在冰箱至少两小时，或放人装着冰块和冰水的冰酒器 20 分钟。记住，白酒品质愈好，降温所需时间也愈短。如果忘记预冰，请把酒瓶放进冰室 15 分钟。不过，不管你将它放在哪儿，千万别忘了取出来！

许多人偏好整晚只喝自己喜爱的某种酒，所以一个用心的主人会同时准备红酒和白酒。虽然隔热器放在桌上不好看，但在盛夏夜晚用来保持白酒冰度却相当实用。

第一次上酒时，做主人的可以亲自为所有客人倒酒。不过记住，依逆时钟方向进行，从坐在左侧的客人开始，最后才轮到主人自己。客人喝完一杯后，可以请坐在你对面的人（也就是二主人）帮忙为他附近的人添酒。如果你同时准备了红酒和白酒，请把两种酒瓶分放在桌子两端。

绝对不要让客人用同一个杯子喝两种酒，这是基本礼貌。

除非技巧炉火纯青，否则倒酒时请在瓶颈垫上一条毛巾防滑，而且瓶口尽量朝上，免得酒洒出来。

有时你需要一个装酒瓶的篮子，酒瓶以近水平的斜面放置，这样瓶中沉淀物就不会和酒混在一起。

中餐宴席上礼仪

中餐宴席进餐开始时，服务员送上的第一道湿毛巾是擦手的，不要用它去擦脸。上龙虾、鸡、水果时，会送上一只小小水盂，其中飘着柠檬片或玫瑰花瓣，它不是饮料，而是洗手用的。洗手时，可两手轮流沾湿指头，轻轻涮洗，然后用小毛巾擦干。

用餐时要注意文明礼貌。对外宾不要反复劝菜，可向对方介绍中国菜的特点，吃不吃由他。有人喜欢向他人劝菜，甚至为对方夹菜。外宾没这个习惯，你要是一再客气，没准人家会反感：“说过不吃了，你非逼我干什么？”依此类推，参加外宾举行的宴会，也不要指望主人会反复给你让菜。你要是等别人给自己布菜，那就只好饿肚子。

客人入席后，不要立即动手取食。而应待主人打招呼，由主人举杯示意开始时，客人才能开始；客人不能抢在主人前面。夹菜要文明，应等菜肴转到自己面前时，再动筷子，不要抢在邻座前面，一次夹菜也不宜过多。要细嚼慢咽，这不仅有利于消化，也是餐桌上的礼仪要求。决不能大块往嘴里塞，狼吞虎咽，这样会给人留下贪婪的印象。不要挑食，不要只盯住自己喜欢的菜吃，或者急忙把喜欢的菜堆在自己的盘子里。用餐的动作要文雅，夹菜时不要碰到邻座，不要把盘里的菜拨到桌上，不要把汤拨翻。不要发出不必要的声音，如喝汤时“咕噜咕噜”，吃菜时嘴里“叭叭”作响，这都是粗俗的表现。不要一边吃东西，一边和人聊天。嘴里的骨头和鱼刺不要吐在桌子上，可用餐巾掩口，用筷子取出来放在碟子里。掉在桌子上的菜，不要再吃。进餐过程中不要玩弄碗筷，或用筷子直向别人。不要用手去嘴里乱抠。用牙签剔牙时，应用手或餐巾掩住嘴。不要让餐具发出任何声响。

用餐结束后，可以用餐巾、餐巾纸或服务员送来的小毛巾擦擦嘴，但不宜擦头颈或胸脯；餐后不要不加控制地打饱嗝或嗳气；在主人还没示意结束时，客人不能先离席。

中国人用餐排坐的讲究

中华饮食文化源远流长。在这自古为礼仪之邦，讲究民以食为天的国度里，饮食礼仪自然成为饮食文化的一个重要部分。

中国的饮宴礼仪号称始于周公，千百年的演进，终于形成今天大家普遍接受的一套饮食进餐礼仪，是古代饮食礼制的继承和发展。

饮食礼仪因宴席的性质、目的而不同；不同的地区，也是千差万别。古代的饮食礼仪是按阶层划分：宫廷，官府，行帮，民间等。而现代饮食礼仪则简化为：主人（东道），客人了。

作为客人，赴宴讲究仪容，根据关系亲疏决定是否携带小礼品或好酒。赴宴守时守约。抵达后，先根据认识与否自报家门，或由东道主进行引见介绍，听从东道安排，然后入座：这个“排座次”，是整个中国饮食礼仪中最重要的一部分。

从古到今，因为桌具的演进，所以座位的排法也相应变化。总的来讲，座次是“尚左尊东”、“面朝大门为尊”。家宴首席为辈分最高的长者，末席为最低者。

家庭宴请，首席为地位最尊的客人，主人则居末席。首席未落座，其余都不能落座，首席未动手，大家都不能动手。

巡酒时自首席按顺序一路敬下。若是圆桌，则正对大门的为主客，左手边依次为2、4、6……右手边依次为3、5、7……直至汇合。

若为八仙桌，如果有正对大门的

座位，则正对大门一侧的右位为主客。如果不正对大门，则面东的一侧右席为首席。然后首席的左手边坐开去为2、4、6、8，右手边为3、5、7。

如果为大宴，桌与桌间的排列讲究首席居前居中，左边依次2、4、6席，右边为3、5、7席，根据主客身份、地位，亲疏分坐。

中国筷子忌讳

中国人使用筷子用餐是从远古流传下来的，古时又称其为“箸”，日常生活当中对筷子的运用是非常有讲究的。一般我们在使用筷子时，正确的使用方法讲究的是用右手执筷，大拇指和食指捏住筷子的上端，另外三个手指自然弯曲扶住筷子，并且筷子的两端一定要对齐。在使用过程当中，用餐前筷子一定要整齐码放在饭碗的右侧，用餐后则一定要整齐的竖向码放在饭碗的正中。但要绝对禁忌以下12种筷子的使用方法。

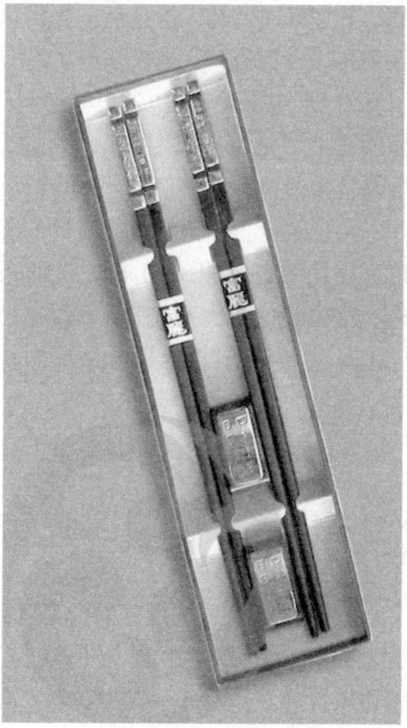

中国筷子

1. 三长两短

这意思就是说在用餐前或用餐过程当中，将筷子长短不齐的放在桌子上。这种做法是大不吉利的，通常我们管它叫“三长两短”。其意思是代表“死亡”。因为中国人过去认为人死以后是要装进棺材的，在人装进去以后，还没有盖棺材盖的时候，棺材的组成部分是前后两块短木板，两旁加底部共三块长木板，五块木板合在一起做成的棺材正好是三长两短，所以说这是极为不吉利的事情。

2. 仙人指路

这种做法也是极为不能被人接受的，这种拿筷子的方法是，用大拇指和中指、无名指、小指捏住筷子，而食指伸出。这在北京人眼里叫“骂大街”。因为在吃饭时食指伸出，总在不停地指别人，北京人一般伸出食指去指对方时，大都带有指责的意思。所以说，吃饭用筷子时用手指人，无异于指责别人，这同骂人是一样的，是不能够允许的。还有一种情况也是这种意思，那就是吃饭时同别人交谈并用筷子指人。

3. 品箸留声

这种做法也是不行的，其做法是把筷子的一端含在嘴里，用嘴来回去嘬，并不时地发出咝咝声响。这种行为被视为是一种不当的做法。因为在吃饭时用嘴嘬筷子的本身就是一种无礼的行为，再加上配以声音，更是令人生厌。所以一般出现这种做法都会被认为是缺少家教，同样不能够允许。

取用餐前小菜时

保持双手清洁吃餐前小菜时，手中还拿着一杯啤酒，要让自己双手保持得干干净净，的确不是一件简单的事。吃餐前小菜时，手边要随时带着一张纸巾，手上一有食物残留，立刻擦干净，是一般人普遍都有的常识。即使拿过乳酪条或碱脆卷饼，也应该用餐巾擦手。

处置好用过的牙签。当你用牙签叉一尾虾子，沾过佐料放进嘴里后，不要把用过的牙签放回盘子里，因为别人看在眼里，肯定会倒尽胃口。聪明细心，而且坚持使用牙签的女主人，会在场地四处摆放一些小容器，让客人可以随手丢弃。如果你的旁边没有烟灰缸、碟子或垃圾筒，把用过的牙签放在餐巾或餐巾纸上，要离开前再把它们丢到厨房或客人用的垃圾筒。

弄翻餐桌食物时如何处理

在餐桌上不小心弄翻了食物，不论对肇祸者或在家里举行餐宴的主人来说，都是件令人不安的事。弄翻东西的人当时会恨不得地上出现个大洞，好让他钻进去，而不必面对这种叫人困窘的场面。至于主人这一方，则通常会力持镇静，脸上不带表情，但是心里头不免会失望地想，这一来餐桌上或桌巾到底会受到什么程度的损害。对每一个人来说，这个时候都会是一个难挨的时刻。

如果你一时不小心或侍者不小心，将少许的茶或汤汁溢出到茶碟外，用餐巾擦干，免得每次拿起杯子，杯底就跟着四处滴滴沥沥。

假如只是几滴肉汁或调味酱稍稍弄脏自己面前的桌面，轻轻用餐巾的几个小角落加以擦拭。擦完要把餐巾放大腿上时，小心地加以折叠，使得上面的污渍不致沾染你的衣服。

如果弄翻食物灾情惨重时，随后的补救措施须视实际情况而定。如果在餐馆，做东请客的主人应该会召来侍者善后。如果是在别人的家中，而且有侍者或外烩业者在场服务，他们会帮你善后。如果这种状况发生在你自己家里，你大概只好赶快到厨房去找一切可用来清理善后配备。如果污渍不大，你可能只须用另一条干净的餐巾盖住即可。每回餐桌上留下严重污渍，要在污渍上倒一些事先准备好的碱水。如果是肉汁留下的痕迹，用餐巾或毛巾擦去污渍时，记住先清理桌布底下的桌面，免得碱水渗透桌布，侵蚀了桌面。

饮茶礼仪拾零

不论是主人还是客人，都不应大口吞咽茶水，或喝得咕咚咕咚直响。应当慢慢地一小口一小口地仔细品尝。遇到漂浮在水面上的茶叶，可用茶杯盖拂去，或轻轻吹开。切不可以手从杯里捞出来扔在地上，也不要吃茶叶。

日本茶道

西方常以茶会作为招待宾客的一种形式，茶会通常在下午4时左右开始，设在客厅之内。准备好座椅和茶几就行了，不必安排座次。茶会上除饮茶之外，还可以上一些点心或风味小吃，国内现在有时也以茶会招待外宾。

我国旧时有以再三请茶作为提醒客人应当告辞了的做法，因此在招待老年人或海外华人时要注意，不要一而再、再而三地劝其饮茶。

尽管不少国家有饮茶的习惯，但饮茶的讲究却是千奇百怪的。日本人崇尚茶道，作为陶冶人的性灵的一种艺术。以茶道招待客人，重在渲染一种气氛。至于茶则每人小小的一碗，或全体参加者轮流饮用一碗，不能喝了一碗又一碗的。

到中国茶馆里去寻访民俗的外宾，越来越多了。在茶馆里遇上外宾同桌饮茶，应以礼相待。既不要过分冷淡，也不要过于热情，做到不亢不卑就行了。

中餐礼仪之粽的趣话

端午节吃粽子，这里有一段有趣的传说。

公元前340年，爱国诗人、楚国大夫屈原，面临亡国之痛，于五月五日，悲愤地怀抱大石投汨罗江。为了不使鱼虾损伤他的躯体，人们纷纷以竹筒装米投入江中。以后，为了表示对屈原的崇敬和怀念，每到这一天，人们便竹筒装米，投入祭奠，这就是我国最早的粽子——“筒粽”的由来。

为什么后来又用艾叶或苇叶、荷叶包粽子呢？《初学记》中有这样的记载：汉代建武年间，长沙人晚间梦见一人，自称是三闾大夫（屈原的官名），对他说：“你们祭祀的东西，都被江中的蛟龙偷去了，以后可用艾叶包住，将五色丝线捆好，蛟龙最怕这两样东西。”于是，人们便以“菰叶裹黍”，做成“角黍”。世代相传，逐渐发展为我国端午节食品。

屈 原

粽子不仅形状很多，品种各异，由于我国各地风味不同，主要有甜、咸两种。甜味有白水粽、赤豆粽、蚕豆粽、枣子粽、玫瑰粽、瓜仁粽、豆沙猪油粽、枣泥猪油粽等。咸味有猪肉粽、火腿粽、香肠粽、虾仁粽、肉丁粽等，但以猪肉粽较多。也有南国风味的什锦粽、豆蓉粽、冬菇等；还有一头甜一头咸、一粽两味的“双拼粽”。这些粽子均以佐粽的不同味道各异，使得粽子家族异彩纷呈。

由于饮食文化的传播，早在古代时，我国制作粽子的技术就传到国外，因而世界上许多国家也都有吃粽子的习俗。

秘鲁人是在圣诞节吃粽子，全家人围坐在一起，一边欢庆圣诞节，一边吃粽子，甚至一些已经出嫁的女儿，在这天，也要赶回娘家，再来尝尝母亲制作粽子的风味。

缅甸人也爱吃粽子，他们在端午节时，用糯米作主料，将熟香蕉和椰蓉做馅，这种粽子香气诱人，软酥酥，甜滋滋，别有风味。

日本的端午节是阳历的五月五日，他们的粽子主料是米粉，其粽子形状酷似钟形。

马来西亚人包的粽子形状，很像我国广东的粽子，其特点是个头大、除鲜肉粽、火腿粽外，还有一种豆沙粽、椰蓉粽，食之非常可口。

菲律宾的粽子是长条形，风味与我国浙东的粽子相同，粽子还是菲律宾过圣诞节时必不可少的食品。

西餐用餐礼仪详解

礼仪是礼节、仪式的统称，是指

在人际交往中，自始至终地以一定的、约定俗成的程序和方式来表现的自律、敬人的完整行为。

西餐是饮食形式的一个类型，通俗地讲，是以吃喝为主题的一种进餐方式。当今人们对吃喝的理解已不只是维持生命的一种手段，而是一种享受，同时也是一种交流方式。

西餐因选材用料、烹饪方式和进餐方式决定了在各方面都要求有一定的基本规则和礼节。为了使宾客都能愉快顺利地用餐，就必须了解其中的规范和道理。在这里需指出的是，这些规则不是一些死板的教条，它是为目的而服务的，而且我们的目的是：享用西餐，当个内行人。

姿　态

规范的姿势非常重要，例如，坐姿应保持稳定，不能前后摇摆。可以这样想象：你的背后藏着一只小老鼠，而一只小猫卧在你的膝盖上——应腰板挺直，膝盖放平。无论男女，用餐时跷起二郎腿都是不美观的，而且失礼。众多难堪而令人不快的情景，大都因这类不合时宜之举而造成。应避免的类似举动还有：把腿张成八字形、伸懒腰、松裤带、摇头晃脑、伸展双臂做体操，等等，这些姿势都很失礼，不雅观。

在美国，当一只手用餐时，另一只手可以放在膝盖上。而在欧洲大陆就不同了，两只手都要保留在桌面上。但要注意：不能用手臂支撑身体，靠在桌子上，也不能双手交叉在胸前，只是把手腕轻轻搭在桌上。手指要自然平稳地放在桌上，不可在桌上乱弹或玩耍餐具。

进　餐

用餐时，一般右手拿刀或勺，左手拿叉，杯子也用右手来握。身体不要过于接近餐盘，用餐具把食物送到嘴里，而不要把盘、碗端起：谁也不会来抢你盘子里的食物。

需注意：在进汤类食物时，应避免发出向嘴里抽吸的声音，如果汤温较高，可稍等片刻再享用，不可举盘直接倒入口中。

应闭嘴咀嚼食物，口内含有食物时切忌饮用酒等饮料。

食用面包切记：不可用面包来蘸盘子里的汤（特别是有身份或讲究的女士更要避免此种举动）；面包要放在专用的小盘里或者桌布上，不应放在你进餐盘的盘边；用黄油抹面包，在一块小的面包上抹上少许黄油，用手掰食用，切勿用刀去切或者用牙去咬；面包只在进汤或头盘菜时食用。

如不想饮用葡萄酒，可以客气地说："我不喝酒，谢谢。"不要用手盖住杯口。

谈话时，应将刀叉放在盘子上。手里握着刀叉时切勿指手画脚地谈话，也不要将刀叉竖起，这会让人感到“胆战心惊”，而且的确有对自己或他人造成伤害的危险。

在桌上切勿放肆大笑或大声喧嚷。

忌讳口中或体内发出声响，用餐时或饭后不可打嗝儿、吧唧嘴。

不可在桌上当众化妆、补妆或整理衣饰。

不可用自己的餐具为他人夹菜、舀汤或选取其他食物。

不可毫无掩盖地当众剔牙。

摆　台

摆台主要是指餐桌席位的安排和台面的摆设。摆出一桌造型美观的台面，不仅为客人提供一个舒适的就餐场地和一套整洁的用具，而且可为其带来赏心悦目的艺术享受。这当然是美食不可缺少的一部分。

无论是散桌的摆台还是宴会的摆台，大多使用方桌、长桌或圆桌。桌上的摆设和使用的工具大同小异。餐具基本上使用金属餐具，以刀、叉和匙三类为主。因菜肴种类不同，食用

餐桌摆台

方式各异，使用的餐具在形状大小上也有区别。但它们又是如何摆放在桌子上呢？这里我们可以分为两大类：基本摆台和豪华摆台。

价位中低档餐厅

基本摆台：（一道主菜）一把刀、一把叉、一块餐巾（也可用纸巾）、一个杯子。

刀要放在右面，刀刃方向朝左。

叉应放在左面，叉杈向上，刀和叉之间应足够放一个主餐盘，叉和刀底部应离桌边1厘米。

杯子放在刀的正上方，距离约1厘米。有头盘菜时：如有汤菜，汤勺应放在刀的外端；如果头盘菜是沙拉，勺应改为叉。有饭后甜品时：根据甜食种类不同，可以摆放一把叉和一把勺，或者一把刀和一把叉。

摆台高档餐厅

基本摆台：（一道主菜）一把刀、一把叉、面包盘和黄油刀。

一个酒杯和一个水杯：水杯放在刀的正上方约1厘米处，酒杯放在水杯的右下侧。

一个垫盘：有时是为了装饰，放在席位的正中，盘的中心对着椅背中间，盘边离桌边1厘米。

有的餐厅只用餐巾花来代替垫盘。

一块餐巾：根据餐厅的要求，有的追求美观，有的追求实用；有种说法认为，布餐巾尽量不用手去多碰，以保持它的清洁。

讲究和高雅的海鲜餐厅

基本摆台：（一道主菜）一把鱼刀、一把鱼叉、面包盘和黄油刀，一个酒杯和一个水杯，一块餐巾。

一块餐巾

餐巾，可以是布料也可以是纸张，一般都放在摆设的中央，也可以放在左侧。如有菜单，应放在左上角或者其他较适合的地方，如果对面也有摆设的话，应与对面看齐。同在右邻居的距离大约应保持 80 厘米（从一个摆设中心到另一个摆设中心）。

如果有用左手进餐的客人，餐具位置应全部调换方向，从中体现对这些客人的尊重和关心。总而言之，摆设的规定应以桌上整体的和谐和舒适为宗旨，不应让客人有不悦之感。

西餐——吃就吃个优雅

吃西餐在很大程度上讲是在吃情调：大理石的壁炉、熠熠闪光的水晶灯、银色的烛台、缤纷的美酒，再加上人们优雅迷人的举止，这本身就是一幅动人的油画。为了在初尝西餐时举止更加娴熟，费些力气熟悉一下这些进餐礼仪，还是值得的。

第一次吃西餐，总是心里没底，不妨在家先练练：

就座时，身体要端正，手肘不要放在桌面上，不可跷足，与餐桌的距离以便于使用餐具为佳。餐台上已摆好的餐具不要随意摆弄。将餐巾对折轻轻放在膝上。

使用刀叉进餐时，从外侧往内侧取用刀叉，要左手持叉，右手持刀；切东西用左手拿叉按住食物，右手执刀将其锯切成小块，然后用叉子送入口中。使用刀时，刀刃不可向外。进餐中放下刀叉时，应摆成“八”字形，分别放在餐盘边上。刀刃朝向自身，表示还要继续吃。每吃完一道菜，将刀叉并拢放在盘中。如果是谈话，可以拿着刀叉，无需放下。不用刀时，也可以用右手持叉，但若需要做手势时，就应放下刀叉，千万不可手执刀叉在空中挥舞摇晃，也不要一手拿刀或叉，而另一只手拿餐巾擦嘴，也不可一手拿酒杯，另一只手拿叉取菜。要记住，任何时候，都不可将刀叉的一端放在盘上，另一端放在桌上。

每次送入口中的食物不宜过多，在咀嚼时不要说话，更不可主动与人谈话。

喝汤时不要啜，吃东西时要闭嘴咀嚼。不要咂嘴发出声音。如汤菜过热，可待稍凉后再吃，不要用嘴吹。喝汤时，用汤勺从里向外舀，汤盘中的汤快喝完时，用左手将汤盘的外侧稍稍翘起，用汤勺舀净即可。吃完汤菜时，将汤匙留在汤盘（碗）中，匙把指向自己。

吃鱼、肉等带刺或骨的菜肴时，不要直接外吐，可用餐巾捂嘴轻轻吐在叉上放入盘内。如盘内剩余少量菜肴时，不要用叉子刮盘底，更不要用手指相助食用，应以小块面包或叉子相助食用。吃面条时要用叉子先将面条卷起，然后送入口中。

面包应掰成小块送入口中，不要拿整块面包咬。抹黄油和果酱时也要先将面包掰成小块再抹。

吃鸡时，欧美人多以鸡胸脯肉为贵。吃鸡腿时应先用力将骨去掉，不要用手拿着吃。吃鱼时不要将鱼翻身，要吃完上层后用刀叉将鱼骨剔掉后再吃下层，吃肉时，要切一块吃一块，块不能切得过大，或一次将肉都切成块。

不可在餐桌边化妆，用餐巾擦鼻涕。用餐时打嗝是最大的禁忌，万一发生此种情况，应立即向周围的人道歉。取食时不要站立起来，坐着拿不到的食物应请别人传递。

就餐时不可狼吞虎咽。不愿吃的食物也应要一点放在盘中，以示礼貌。主人劝客人添菜，如有胃口，添菜不算失礼，相反主人也许会引以为荣。

不可在进餐时中途退席。如有事确需离开应向左右的客人小声打招呼。饮酒干杯时，即使不喝，也应该将杯口在唇上碰一碰，以示敬意。当别人为你斟酒时，如不要，可简单地说一声“不，谢谢！”或以手稍盖酒杯，表示谢绝。

在进餐尚未全部结束时，不可抽烟，直到上咖啡表示用餐结束时方可。如在左右有女客人，应有礼貌地询问一声“您不介意吧！”

进餐时应与左右客人交谈，但应避免高声谈笑。不要只同几个熟人交谈，左右客人如不认识，可先自我介绍。别人讲话不可搭嘴插话。

喝咖啡时如愿意添加牛奶或糖，添加后要用小勺搅拌均匀，将小勺放在咖啡的垫碟上。喝时应右手拿杯把，左手端垫碟，直接用嘴喝，不要用小勺一勺一勺地舀着喝。吃水果时，不要拿着水果整个去咬，应先用水果刀切成 4 或 6 瓣，再用刀去掉皮、核，用叉子叉着吃。

进餐时，不要解纽扣或当众脱衣。如主人请客人宽衣，男客人可将外衣脱下搭在椅背上，不要将外衣或随身携带的物品放在餐台上。

西餐点菜是这样点的

点西餐菜对许多人来说都还较陌生，以下是西餐上菜顺序，以供学点西餐菜者参考：

1. 头盘

也称为开胃品，一般有冷盘和热头盘之分，常见的品种有鱼子酱、鹅肝酱、熏鲑鱼、鸡尾杯。奶油鸡酥盒、焗蜗牛等。

2. 汤

大致可分为清汤、奶油汤、蔬菜汤和冷汤等4类。品种有牛尾清汤、各式奶油汤、海鲜汤、美式蛤蜊汤、意式蔬菜汤、俄式罗宋汤、法式葱头汤。

3. 副菜

通常水产类菜肴与蛋类、面包类、酥盒菜肴均称为副菜。西餐吃鱼类菜肴讲究使用专用的调味汁，品种有鞑靼汁、荷兰汁、酒店汁、白奶油汁、大主教汁、美国汁和水手鱼汁等。

4. 主菜

肉、禽类菜肴是主菜。其中最有代表性的是牛肉或牛排，肉类菜肴配用的调味汁主要有西班牙汁、浓烧汁精、蘑菇汁、白尼丝汁等。禽类菜肴的原料取自鸡。鸭、鹅；禽类菜肴最多的是鸡，可煮、可炸、可烤、可焖，主要的调味汁有咖喱汁、奶油汁等。

5. 蔬菜类菜肴

可以安排在肉类菜肴之后，也可以与肉类菜肴同时上桌，蔬菜类菜肴在西餐中称为沙拉。与主菜同时搭配的沙拉，称为生蔬菜沙拉，一般用生菜、番茄、黄瓜、芦笋等制作。还有一类是用鱼、肉、蛋类制作的，一般不加味汁。

6. 甜品

西餐的甜品是主菜后食用的，可以算作是第六道菜。从真正意义上讲，它包括所有主菜后的食物，如布丁、冰淇淋、奶酪、水果等等。

7. 咖啡

饮咖啡一般要加糖和淡奶油。

韩国的饮食礼仪

韩国饭馆内部的结构分为两种：使用椅子和脱鞋上炕。在炕上吃饭时，男人盘腿而坐，女人右膝支立——这种坐法只限于穿韩服时使用。现在的韩国女性平时不穿韩服，所以只要把双腿收拢在一起坐下就可以了。坐好点好菜后，不一会儿，饭馆的大妈就会端着托盘向你走来，她从托盘中先取出餐具，然后是饭菜。

韩国人平时使用的一律是不锈钢制的平尖头儿的筷子。中国人、日本人都有端起饭碗吃饭的习惯，但是韩国人视这种行为不规矩。而且也不能用嘴接触饭碗。圆底儿带盖儿的碗“坐”在桌子上，没有供你手握的把。再加上米饭传导给碗的热量，不碰它是合情合理的。至于碗盖，可以取下来随意放在桌上。

既然不端碗，左手就一定要听话，老实地藏在桌子下面，不可在桌

韩国饭菜

子上“露一手儿”。右手一定要先拿起勺子，从水泡菜中盛上一口汤喝完，再用勺子吃一口米饭，然后再喝一口汤、再吃一口饭后，便可以随意地吃任何东西了。这是韩国人吃饭的顺序。勺子在韩国人的饮食生活中比筷子更重要，它负责盛汤、捞汤里的菜、装饭，不用时要架在饭碗或其它食器上。而筷子呢？它只负责夹菜。不管你汤碗中的豆芽儿菜怎么用勺子也捞不上来，你也不能用筷子。这首先是食礼的问题，其次是汤水有可能顺着筷子流到桌子上。筷子在不夹菜时，传统的韩国式做法是放在右手方向的桌子上，两根筷子要拢齐，2/3在桌上，1/3在桌外，这是为了便于拿起来再用。

韩国人是一个好动感情的民族，对于他们这种把感情通过聚餐表现时，应该给予充分的理解，同时又必须在理智上承认它是一种不卫生的“食礼”。

日本料理的用筷礼仪

1. 取筷子时要以左手托住

拿筷子的第一步骤，即是拿取的方法。实际上接触筷子的是拇指、食指和中指，但无名指和小指也需紧靠中指。首先以右手拿住横放的筷子中央部，再以右手从下托住，并将右手滑向筷子向右端，然后，手掌反转朝上，移向筷子中央位置。当拇指移至中央上方时，应紧拿住，接着放开左手。

2. 卫生筷应上下分开

一般待客时多使用卫生筷，不过，较正式的料理店所使用的，则是木纹清晰的杉筷等高级品。要拉开卫生筷时，首先需以前述正确的取筷方法，横拿住筷子，再双手上下逐渐拉开卫生筷的动作也不可太过夸张。还有，除了极简陋的筷子外，拉开后摩擦筷尖，可说是相当不好的习惯。

3. 手中有碗时筷子的拿法

吃日本料理时，大多是手中端着碗进食。假如手里已拿着筷子，再以同一手取碗或放下碗，虽没违反礼节，但手中没有筷子，能伸直全部指头去取碗，姿势会更为优雅。如果手中已有碗，拿取筷子的方法也有所不同。当用左手的中指和无名指之间（或无名指和小指之间）夹住筷子左端，然后右手反转拿住。

千万别忘了，每次要拿碗时，一定要先放下手中的筷子。也许各位觉得这很麻烦，但只要习惯也就成自然了。

日本料理怎么吃

鱼　生

鱼生即系列生鱼片，生鱼片在日本料理中的地位无可替代，它是评判一家寿司店是否正宗的重要标准。料理生鱼片讲究非常多，比如有些品种的三文鱼不能急冻，不然肉质就被破坏，而活的比目鱼要在低温下冰镇一两个小时后口感才会好。

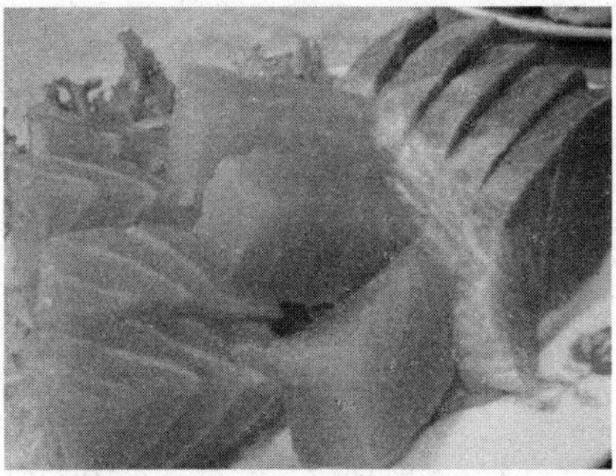

鱼　生

芥末和酱油

这是吃鱼生的调料。芥末是日本芥末，绿色，第一次闻味道会很冲，别担心，那是你还没有习惯这种味道。芥末不但增加鱼生的鲜美，更能杀菌，吃日本菜一定要有芥末。

大麦茶

几碟鱼生下肚，一定要喝大麦茶，去掉口中的余味，才能再来吃寿司。

寿　司

寿　司

寿司是使用一些醋腌制过的饭团，加上一些海产或肉类做成的。吃的时候，可以像吃鱼生一样蘸着酱油和芥末，也可以不用，全看你的口味了。寿司的正确吃法是一口吃完。另外，日本人吃寿司是不蘸芥末的，因为寿司里已经加入了芥末，只是蘸些酱油，体味寿司的原汁原味。

鱼生两吃

一吃是把芥末放进碟子里，和酱油拌均匀后直接蘸着吃，很简单。但如果你是第一次吃鱼生，一定要先咬一小口，适应芥末的辣味，最好手里预备餐纸，以防涕泪横流。二吃是把一点点芥末放在生鱼片上，然后夹起鱼生在另外一边蘸上一点点酱油，芥末和酱油注意不要混在一起。

公共场所礼仪

国旗、国徽、国歌——不可侵犯的尊严

一提到国旗，很多人的第一反应就是："关乎国家尊严。"事实上，不光是国旗问题无小事，国歌、国徽同样都是一个国家主权和尊严的标志，而热爱她们更是爱国主义精神的集中体现。我们都曾经感受过这样激动人心的场面：在奥运会的赛场上，当我国的运动员们经过了努力拼搏而站在世界顶级领奖台上的时候，看着五星红旗冉冉升起、听着国歌雄亮唱响，我们内心激荡着的是一种士气高涨的民族自豪感。可以说，很多时候，国旗、国歌和国徽就是我们国家的一种具象化的表征，而人们对国旗、国歌和国徽的尊重程度正面反映出了他们内心世界中"祖国"这个词汇的实际分量。

中国国旗

从理论上说，大家都知道对于国旗、国歌和国徽的尊严是神圣而不可侵犯的。但是，在实际生活中，尤其是在诸如奥运会这样的国际赛事中，如何正确地对国旗、国歌和国徽表达出应有的尊重，对很多人而言却是个模糊的概念。于是在赛场上，我们经常可以看到一些让人失望的画面：在升国旗、奏国歌的庄严时刻，有人在喝水吃东西、有人跷着二郎腿东张西望、更有人在漫不经心地聊天开玩笑……我们虽然不能说这些行为是违

法国国旗

法的，但至少是失礼的，甚至可以说在道德上打了些折扣。

因此，我们今天就专门说说国旗、国歌和国徽的问题，系统地解释一下在面对这些事关国家尊严的场合时，我们该怎么做。同时，还要强调一下，在面对别国的国旗、国歌和国徽，我们也应该给予尊重。这样的做法才真正体现出了我们中国观众的文明素养和良好的精神风貌。

起　源

最早以立法的形式确定国旗问题的时代是法国大革命时期。1789 年，巴黎国民自卫队开始把蓝、白、红三色旗定为队旗，由此代表自由、平等、博爱的三色旗成为了法国大革命的象征，此后三色旗便成为了法国国旗。国歌则是被一国政府正式承认能代表该国家的官方乐曲。19—20 世纪时，大部分的国家都制定了国歌，不过最古老的还是荷兰的《威廉·凡·那骚》，该歌 1568 年被定为荷兰国歌。此外，比较著名的国歌还有法国的《马赛曲》、英国的《天佑吾主》等。

据记载，古代奥运会上也有庄严、隆重的发奖仪式，但和现代不同的是，优胜者获得的是一顶象征荣誉的橄榄冠和一项可以在运动场的墙壁上刻下自己名字的权利；此外，三次获得冠军的运动员，奥运会还会为他们在宙斯庙旁树立塑像，以示表彰和纪念。而升国旗、奏国歌作为仪式在体育赛事中使用却源于现代奥运会。在 1896 年 4 月 6 日开幕的第一届雅典奥运会上，美国选手詹姆斯·康诺

詹姆斯·康诺利

利在当日的三级跳远赛中旗开得胜，以 13.71 米的成绩夺得现代奥运会的第一个冠军。他获胜后，运动场上奏响了美国的《星条旗之歌》，并升起了美国国旗星条旗。此后，奏国歌、升国旗成为了奥运会的传统发奖仪式，而这项仪式也成为了体育比赛中的最高礼仪。

今天，升国旗、奏国歌在很多场合中被使用，如法定节假日、学校升旗、各种比赛等。在大型体育比赛中，运动员获得金牌后，赛场上都会升起国旗、奏响金牌得主国国歌，表示对运动员以及所代表国家的尊重和肯定。

规　则

肃立、端正、庄严、保持安静。

升国旗时我们要这样做：

升旗仪式纪律与会场纪律相同。特别强调，升旗过程中，除特殊工作人员以外，任何人包括升旗仪式场地附近的行人均应原地肃立，行注目礼。对于故意毁坏、玷污国旗或破坏

升国旗

升旗仪式者，将根据《中华人民共和国国旗法》的规定依法处理。

（1）升旗时要肃立、端正

奏国歌、升国旗仪式开始后，包括运动员、观众、主席台上的贵宾、赛场内的工作人员都要起立，脱帽面向国旗，行注目礼。

这个时候，还在场内走来走去，或者还在旁若无人地继续做自己的事都是不当的行为。这里包括贵宾和工作人员。坐在主席台上的贵宾也要和观众一样起立。而在场内各处忙碌的工作人员也不能无视即将开始的升旗仪式，应立即停下手中的工作，在原地站立，身体转向旗杆方向，等待升旗。

（2）行注目礼时神态要庄严

在场人员要行注目礼，仰视国旗冉冉升起。行注目礼时眼睛要始终望着国旗，目光随着国旗冉冉升起，这个过程要持续到升旗仪式完毕。

国际比赛赛场上有来自不同国家的运动员，看台上也会有来自不同国家的观众。在举行升旗仪式这种特定的场合下，应该互相尊重。在国际比赛的颁奖仪式上，将升起获得前三名的代表团的国旗。作为观众，在赛场上升其他国家的国旗时，要给予对其他主权国家应有的尊重。这是群体文明素质的体现。

（3）升旗仪式时要保持安静

升旗仪式进行过程中，所有的人都应在原地肃立不动。赛场内不应有

人来回走动，更不能东张西望，嬉闹谈笑，也不能嚼着口香糖。

在几千人、几万人的体育场馆内，在升旗仪式的整个过程中，每一个人都做到不出声响，才能保证整个赛场的安静和升旗仪式的严肃性。这种庄严感也会令在场的每一个人内心受到震撼。

国旗与名将

（1）国旗升起老将热泪盈眶

2004年8月14日，中国运动员王义夫在雅典奥运会男子十米气手枪决赛中再次夺金。当王义夫头戴雅典奥组委特制的橄榄枝花环走上领奖台，国歌即将奏响的时候，这位久经战场的老枪手也忍不住流下了激动的泪水。

赛后，王义夫表示，能拿到这块金牌的确很高兴，作为一个老运动员，第六次参加奥运会，非常不容易但也非常幸运。同时也非常感谢一直在支持中国射击队的中国观众、中国代表团和中国射击队领导的关怀。在随后举行的颁奖仪式上，这位老将在国歌声中流下了热泪。

热泪盈眶的王义夫

曾经执教中国足球队的米卢

（2）国旗意味着一个人的所有

神奇教练米卢与中国队全体成员在西归浦训练营同一面鲜艳的中国国旗合影时曾表示，一个人从出生就会对自己祖国的国旗有着特殊的感情。国旗意味着一个人的所有。我是中国队的一员，我为中国工作，所以在中国的国旗前合影对我来说是非常重要的一件事情。在中国工作令人高兴。我生活在北京，当我路过天安门广场时，经常会看到那里醒目的国旗。代表中国队参加世界杯，为中国工作让我感到荣耀。我希望队员们也会有这样的感受，并且为自己的祖国踢好球，在球场上努力。

知识链接

我国的国旗法对尊重国旗的问题做出明确的规定：

第三条　中华人民共和国国旗是中华人民共和国的象征和标志。每个公民和组织，都应当尊重和爱护国旗。

第八条　举行重大庆祝、纪念活动，大型文化、体育活动，大型展览会，可以升挂国旗。

第十三条　升挂国旗时，可以举行升旗仪式。举行升旗仪式时，在国旗升起的过程中，参加者应当面向国旗肃立致敬，并可以奏国歌或者唱国歌。

第十七条　不得升挂破损、污损、褪色或者不合规格的国旗。

第十九条　在公众场合故意以焚烧、毁损、涂画、玷污、践踏等方式侮辱中华人民共和国国旗的，依法追究刑事责任；情节较轻的，参照治安管理处罚条例的处罚规定，由公安机关处以十五日以下拘留。

集会时的礼仪

学校中的集会，一般有班、校会，运动会，听讲座，听报告，看演出等内容，下面分别介绍与上述内容有关的礼仪。

1. 准时到会

集会活动能否按时开始，与到会人员能否准时到会有关。集会多是事先安排的，无论是老师还是学生，都会把这个时间留出来。会后的时间，又各有安排。不能准时开会，就意味着不能准时散会，别人的安排就会被打乱，这就耽误了人家的时间，损害了别人的利益。若是个别人迟到，必然会对会场的气氛造成或大或小的干扰。不能准时到会无论从哪个角度讲，都对别人有影响，对与会人员是不尊重的，对于迟到者来说，是失礼的行为。

集　会

所以，参加各种集会活动，一般应提前几分钟到会，以保证准时开会。

2. 服从调动

到会后，应服从大会组织者的指挥调动，按要求入座，使得秩序井然。一般情况下，就座后不应该再乱走动，越过好几个同学捅别人一下，到其他班级去找朋友聊天，都是不应该的。

按照个人礼仪要求，应以正确、自然、放松的姿态坐好，静等集会活动开始。

不听从指挥调动，乱争乱抢座位是很失礼的行为。

退场时，也应服从指挥，井然有序地退场。

3. 保持安静

无论哪一类集会，一般情况下均应保持相对的安静。即使在运动会上，有时保持安静，是为运动员创造好成绩的必要条件，也是对参赛运动员的尊重。如跳高场上，只剩一个运动员了，他正向校纪录冲击。在起跳线前，正聚敛精力，准备起跳，此时，场外的喧闹对他很不利，会影响他的判断和决心。因此，在集会中，应把自己的行为举止造成的影响减低到最小的程度，以保持安静。

在特殊情况下，可以参照以下的礼仪。

迟到了，尽量在后就座，坐下时要轻。翻动椅子、挪放椅子要尽量不发出声响。如果本班的位置在前面，必须回班，须等活动进行到一个段落时，弯下腰，悄声小步走动。

如果需要提前或中途退场，可依前例。

迟到了还大摇大摆地从同学们面前走过，把椅子弄得很响，或做出引人发笑的动作，这是不够自尊的表现，也是不尊重他人的行为。

从礼仪的角度讲，迟到本身就是失礼的事情，尽管有的迟到是有原因的，对集会来说，也是失礼的。弯腰并悄声行动，把影响减到最小的程度本身既有尊重别人，尽量不干扰别人的意思，又有自责的诚意，是符合礼仪的。相反的，自恃迟到有理，趾高气扬，至少是浅薄而没有教养的表现。

礼仪的基本原则是相互尊重，在尊重别人的同时，也是一种自重，是珍惜自己的形象，尽量给别人留下一个完美印象的表现。因此，在集会中，要处处为别人着想，尊重别人，这样才能显示出你良好的教养和翩翩的风度，同时，也得到别人对你的尊重。

4. 适度鼓掌

报告听到精彩处，每个节目结束时，同学受奖时，均要鼓掌，表示赞同。祝贺和敬意。真诚而热烈的掌声，会激发对方的情绪，烘托和渲染会场的气氛，使所有参加集会的人都受到鼓舞。

但是，每一位同学都应懂得，鼓掌有不同含义，并表现着鼓掌者本身的文明程度和教养的高低。适时、适度鼓掌才符合礼仪。

不同时刻的鼓掌，有不同的含义。

听报告时，主讲人到场，大家起立热烈鼓掌，表示欢迎和敬意。

报告听到精彩处鼓掌，表示对所讲内容的赞同和赞赏。

报告结束或演出结束时鼓掌，是对主讲人或演员的劳动表示感谢。

看电影是一种艺术欣赏实践活动。观看时，情感会随着剧情的变化而变化。当观众全身心投入剧情中，电影中人物形象会感动他，使他产生美好的情感，他希望的是周围的人有如他的情感，并保持这氛围不被破坏。因此，这时需要的是安静。

鼓掌的时间不宜过长，也不宜太频繁，否则不仅失礼，而且有起哄之嫌。更不应该一边鼓掌一边乱叫乱喊，打口哨，出怪声，这些都是很不文明的表现，也是对主讲人或表演者的一种侮辱，是严重的失礼行为。

5. 表示异议的礼仪

无论是校会还是班会，对主讲人所讲的内容另有看法或不赞成是经常遇到的。比如，所举事例有出入，数据不准确；主讲人思路不清，语言罗嗦，语病较多；或发言含混，地方口音等均可能引起反感、不满和产生疑问。这种情况下，如何做才符合礼仪呢？

学生的任务是学习，不仅要学习课本上的知识，也应该学习课外各个方面的知识。因此，首先应分清主次，想一想主讲人所讲的内容及主要观点是否可接受，取其主要观点，保留不同见解，不必争辩。

其次，要抱着尊重主讲人的基本态度，与人为善，遵守会场的纪律，耐心听完。毫无顾忌地哄堂大笑，讥笑，学讲话人的腔调，指责或在下面小声议论，造成会场的骚乱，都是很失礼的行为。

如果觉得非当场表达不可，可以通过适合的方式来表达。如写成小条，悄悄传递给会议的主持人，善意提出自己的看法。也可以在会后，向有关老师和善地提出自己的意见和希望，帮助有关方面提高集会的质量。

在有些集会上，可以自由发言，发表自己的看法乃至不同观点，展开辩论。

这里需要说明的是“自由发言”，不是谁想说什么都行，也不是谁想什么时候说就什么时候说。如果这样，就什么都说不明白了。

集会时的自由发言也是有主题、有组织、有领导进行的。只有这样，才可能让大家充分发表意见，把问题弄明白，才能达到真正的“自由”。组织者、领导者及会议的主题不是制约大家；相反，是大家行使“自由”的保障。因此服从组织和领导，遵守有关的约定，是这种场合的基本礼仪。

（1）有不同的意见需要发表，要举手示意，得到允许再起立发言。特别注意在多次举手，未被允许发言时，也不能急躁而伸长手臂乱喊乱叫或干脆就在下面说。发言完毕，要向大家表示感谢。

（2）要尊重别人的发言，认真听而且要耐心听完别人的话。即使不同意对方的意见，也不应该表现出不满、不耐烦。别人发言时，不要随便插话。当场反驳，打断别人的话，这样做很不礼貌。

（3）表达不同的看法，反驳别人的话时，态度要友善，语调要平和，以理服人。不可“火药味”太浓。应该懂得，持不同的看法是允许的。

（4）到主席台上发言，要向老师、在场的领导先鞠躬，再向大家鞠躬，然后再讲话，讲完后要致谢。这一条也适用于大的集会上的发言。

出言不逊，损伤别人的人格，表现出对对方的鄙视神态，都是很不礼貌的。尊重别人的观点，尊重别人是礼仪的基本原则。

集会是扩大了的课堂，许多人在一起活动，没有统一的指挥，没有一定的纪律约束，很难圆满完成。因此，遵守纪律，自我约束，是集会的基本礼仪。

聚会礼仪

聚会是常见的社交活动之一。聚会的形式多样，如沙龙聚会，庆祝聚会等等。

“沙龙”，是法文 Salon 的音译，即“会议室”和“客厅”的意思。从 17 世纪起，西欧贵族和资产阶级常借某些私人客厅谈论文学、艺术或政治问题，实际上就成了社交集会的一种形式。目前，我国把扩大交际范围的各式各样的室内聚会也统称为“沙龙”。其中比较多见的如：由较熟悉的朋友、同事、同学结成的定期或不定期的社交性“沙龙”；由职业、志趣相同或相近的人组成的，以探讨某一学术或理论问题为主要目的的学术性“沙龙”；以接待来访友好，谋求增进了解和友谊为目的的应酬性“沙龙”；以联络感情和相聚娱乐为目的的文娱性“沙龙”。上述“沙龙”集会所采取的活动形式有：讨论会、茶话会、冷餐会、酒会、家庭晚宴和舞会等。由于“沙龙”是一种重要的社交场所，所以对每个参加聚会的人来说都必须使自己保持开朗乐观、生气勃勃的精神风貌。每个人都要有合体、合时的衣着打扮；要有稳重得当、谈吐大方的仪表举止；要有是非分明、助人为乐的道德观念；要有理解宽容、谦虚诚恳的待人态度。这样，你就会以良好的形象赢得大家的信任、友谊和尊敬，获得更多的朋友和取得社交上的成功。

庆祝聚会的种类很多，礼节礼仪也不尽相同，常见的有节日庆祝集会，生日祝贺集会，文娱晚会聚会等。青年朋友在参加各种聚会时都要讲究礼仪。

如庆祝元旦聚会是同学们一年一度的节日聚会，主要是除旧颂新。聚会时，可互相赠贺年片，可组织健康的文娱节目。聚会组织者要精心策划，参加者要举止大方、谈吐文明，不能低级庸俗，一味吃吃喝喝。总之，庆祝聚会要积极、健康、热闹、活泼。

如生日庆贺聚会，有同辈人之间的庆祝和隔辈人之间的庆祝，参加者可预先准备主人喜欢的礼品，向“寿星”祝贺。可表演节目，可即兴赋诗作画，以增添喜气，让主人心情愉快。谈笑间一般应说些吉祥祝愿的话。

聚会的形式还有招待会、欢迎会、欢送会等等，凡属这类社会交往活动，参加者均要讲究社交礼仪。

典礼礼仪

隆重的仪式被称为典礼。学校中的典礼有开学典礼、毕业典礼、校庆典礼等。

1. 开学典礼

每个新学年或每个新学期开学之际，学校都要举行开学典礼。开学典礼是学校的大典，是新学年、新学期开始的标志，全校师生员工都要参加，有必要时还可邀请当地党政领导和有关部门负责同志以及家长代表参加。

参加开学典礼的学生应注意典礼礼仪。负责迎宾的同学应仪容大方、仪态端庄，身披礼仪绶带，在校门口及会场出入口，迎送来宾和全校师生。

没有承担典礼服务工作的同学，应身着统一的校服、佩校徽（少先队员还应佩戴红领巾，共青团员应佩团徽）。参加开学典礼的同学全部按班级列队入场，在指定位置就座，入场要迅捷、安静，落座后也不要交头接耳、大声喧哗，要保证会场气氛庄严肃穆。典礼开始时要认真听从主持人指挥。应认真听取校长报告和其他人的发言，适时报以掌声。掌声应热烈而有节制。唱国歌、校歌和呼号时声音要响亮。典礼结束后应等领导、来宾以及教职员工离场完毕再在主持人的指挥下按顺序退场。

2. 毕业典礼

中学生完成初中或高中学段学习任务并经过考试成绩合格，就准予毕业。届时学校要举行毕业典礼。全体应届毕业生、学校领导和担任该届教学工作的教师以及学校的有关部门工作人员应参加毕业典礼。毕业生家长（或家长代表）也应被邀请参加，必要时还可邀请当地有关领导以及本校校友中的知名人士参加，在校学生也可派代表参加。

典礼会场气氛应隆重、热烈。毕业生应身着校服（有条件的可着毕业生礼服）、佩校徽，按班级在主席台下就座。

参加毕业典礼的学生，应珍视这一仪式，注意典礼礼仪。在听取发言时应专注，要适时适度鼓掌，以表示感谢或认同。在领取毕业证书时，毕业生要依次上台，稳步走上前，双手接过毕业证书并向颁证者鞠躬致谢；接证后应转身向台下各位点头示意，然后稳步走下主席台。颁证过程中，台下的同学应和着欢快的乐曲有节奏地鼓掌。在典礼结束后，毕业生不必立即离开会场，应手持毕业证书互相祝贺，向老师表示感谢，向家长表示感谢，还可以随意即景摄影留念。

3. 校庆典礼

学校逢五或逢十的校庆可举办校庆活动，其中一项是举行校庆典礼。校庆典礼一般要广邀该校历届毕业生返校参加。在校学生在校庆典礼中的一项重要工作即是担任服务员。全体服务员应统一着装，保持良好的精神面貌，对所有来宾都应热情有礼。担当迎宾任务的同学要身披迎宾绶带、面带微笑，躬迎来宾。担当引导任务的同学要谦恭有礼热情周到。担当接待任务的同学应有礼貌地对来宾进行登记：对老校友，应帮他们在事先准备好的胸牌上填上校友毕业届次和姓名，并帮他们佩戴在胸前，以免久别重逢的校友因叫不出对方姓名引起尴尬；对其他来宾，应备好笔墨并招呼他们在纪念册上签到或题词。校友、来宾到场的情况要及时向大会主持人通报。没有参加服务工作的同学参加典礼，要遵守纪律服从指挥，会下也可主动协助做引导、接待工作。

展览礼仪企划

在第四届多媒体展览会上，一个泰国的多媒体展商展位布置较大，却门庭冷落，专业人员无用武之地。而邻近展位的LG电脑因有几位小姐的出色的解说、表演、资料礼品的有序派发而使展位门庭若市。同样是参加展览会，最终的结果却不一样。怎样才能在展览会上最大限度地表现公司的优势，这使人们越来越关注。

展览会以其独具的专业性、针对性的特点逐渐成为国际、国内企业直接面对客户，展示自己的极好工具。与此同时一种新的礼仪文化随之诞生，即展览礼仪。展览礼仪最早形成于20世纪40年代法国巴黎的一次展览会，之后在70年代形成规模，并逐步向专业化、正规化发展，80年代末90年代初，展览礼仪在我国也逐步发展起来，尤其是近几年来伴随展览业的发展，我国的公司对展览礼仪企划也越来越重视了。

什么是展览礼仪企划

礼仪企划既是通过专业策划公司的精心策划，为参加展览会的公司提供最完美的参展活动设计方案。它包括硬件的展位、展台布置，以及与之配合的各种声、光、电效果；软件的宣传促销活动、展览礼仪模特的培训及包装等，使公司的优势最大限度地表现出来。公司参加展览会的主要目的无非是提高公司的知名度，吸引客户，洽谈合作，在客户心目中树立自己良好的品牌形象。但是要达到这些目的的前提条件必须是：先把尽可能多的人吸引过来。参展企业通常把这个光荣而艰巨的任务交给展览礼仪企划公司来做。

如何进行展览礼仪策划，使企业在万商云集中能一枝独秀呢？

(1) 要了解展览会的类型、企业品牌、产品特点、展台风格、展位的周遍环境及竞争对手的情况。

(2) 通过所掌握的资料进行整个礼仪活动的创意策划。例如要达到影视效果、解说效果、配音效果等等。

(3) 根据展示风格，选择礼仪小姐是活泼开朗型、小巧玲珑型还是现代表演型模特。

(4) 根据选择的模特进行服装的设计制作，展览服装要求新奇悦目，可按创意分为稳重型和明快型。总之能充分表现一个企业的特色。

福特小姐

(5) 根据创意将模特进行分工，例如：按解说员、演员、展示员、接待员进行人员培训。

(6) 展览期间礼仪企划公司的管理及礼仪小姐的发挥也对展览的成功有着很大影响。1996 年国际汽车展在国际展览中心举行，世界名车云集，盛况空前，取得极大成功。在成功的背后，展览会中的礼仪企划功不可灭。奔驰、宝马、本田、三菱等名车不仅在展台设计、技术专业人员上花了大力气，更在礼仪策划、人员的选择培训，服装的选择等方面下了工夫。当我们走进展览会，本田小姐嗓音清澈的解说，让人赞叹不已；福特小姐的现场表演让人流连忘返，精美的展台、高雅的小姐，更显示出汽车的名牌。这些展览礼仪小姐与汽车的品牌、车型、风格、特点巧妙融合，相得益彰，体现出展览礼仪企划的精细和独具匠心。伴随汽车展的轰动效应，展览礼仪企划更加受到人们的重视。

展览模特与展览礼仪企划

提到模特，大家立即想到时装表演，时装模特在服装业中的重要作用大家已认识到了。而对展览模特的了解却较为浅淡。去年 2 月份的 COMDEX 电脑展中，一些朋友说，展览模特不就是请几位漂亮的小姐，站在那里发资料吗？这里仅说对了一点，漂亮小姐发资料是为了推广企业形象，但这还远远不够，单单是漂亮的小姐还不能胜任展览礼仪模特，展览礼仪模特还要具备良好的公关素质。如：应变能力，动听的声音，流利的解说能力，服装模特的表现能力，丰富的礼仪常识等。有的企业认为本公司中的专业技术人员，完全可以应付，就可不需要礼仪企划。其实回答很简单，那就是宣传和销售是不可分割的。现在这已成为事实。一位企业家曾经这样说：我的产品百分之八十是宣传卖掉的，余下的百分之二十存在库房。

去年，在国际展览中心的一次国际制冷展上，美国“TRAE”公司取得了极大成功，在“TRAE”独特的展示设计所吸引。在亮丽的背景幕布上，悬挂着一张巨幅风景画，象征着“TRAE”公司为改善人们的生存环境而奋斗的目标。在展台上，两位美丽动人的小姐带着微笑和来宾合影，一位专业摄影师用一次成像的相机把这一幕变成永恒。短短几天，大约4000人得到了自己与“TRAE”小姐的合影的照片。“TRAE”公司成功的展览礼仪企划，一时被传为佳话。

好的展览企划可以在展览会上使公司活起来，跨出展台，走向更广阔的世界。

联谊礼仪

中学生的联谊活动不只是为了丰富学习生活，更是为了活跃校园文化，培养学生能力，促进思想交流，展示青春风采。因此，联谊礼仪就显得尤为重要了。下面就班际、校际、国际间的联谊活动的有关礼仪谈一谈。

1. 班际联谊活动

(1) 确定主题，做好准备

班与班之间开展联谊活动，首先要明确主题。主题的确定，应突出互相学习、促进本班班集体形成、促进全体同学德智体全面发展的目的。这样的联谊活动应做好充分的准备，先由联谊双方共同组成筹备班子，制订出详尽的方案，如活动开展的时间、地点、内容、形式、程序、主持人、嘉宾等具体细节都必须有周密的安排，再由双方共同布置联谊场地，书写、张贴有关联谊活动的海报。

(2) 按照计划，逐步实施

双方同学在老师或班干部的带领下，准时有序地进入活动场地；根据活动性质着装，或严肃或活泼。入场后依次入座，如果不进行“对抗”性质的活动，双方同学可互相穿插就座，以便于进行思想交流。

(3) 文明礼仪，情趣高雅

在联谊活动中，要讲文明讲礼

貌，自己一方应谦虚，对对方要礼让。活动的内容要健康向上，既给人以美的享受，又使人从中受到教益，切不可为了使气氛活跃而有无趣之言或无聊之举。

（4）互相配合，积极参与

联谊活动不应该有旁观者，要积极参与，切忌冷眼旁观，同学们要谦虚自重，又不扭扭捏捏；要热情主动，又不各行其是；要落拓大方，又不哗众取宠。每个学生对别人的表演或主持的活动都应表现出应有的尊重，时时以掌声鼓励；而不可嗤笑、讥讽，甚至侮辱他人。

（5）广泛交流，提高品位

中学生联谊活动中往往有自由活动的时间，在这段时间内，要尽量使气氛轻松、融洽，围绕主题交换意见。彼此应尊重对方的见解。要以谦逊的态度说话，切不可“这不好”、“那不行”地妄加评论。应寻找双方都感兴趣的话题。交流中要讲究思想品位，不说不利于友谊的话。

（6）善始善终，圆满结束

活动主持人宣布活动结束，应起身互相道别祝好；送走来宾后，应立即主动清扫场地；必要时要安排人护送对方同学回家。总而言之，要使整个活动善始善终，给人留下无穷回味。

2. 校际联谊活动

中学生校际间联谊活动往往是在希望工程对口学校、友好学校间进行的，因此，学生更应讲文明有礼仪。第一，这类活动的参与者不只是代表个人，而是代表整个学校，从每个同学的言谈举止之中，可以看出一个学校的学风、校风，体现一个学校的整体水平和综合实力，这些都关系到学校的声誉。第二，这类活动的目的是为了加强校际间的交流，互相学习，增进友谊，任何礼仪上的疏忽，都可能给联谊活动带来不良影响，而有悖活动目的。校际联谊活动往往是由学生会组织，对多数学生来说，只是活动的参与者，在此，我们只就中学生参加活动时应注意的礼仪阐释一下。

（1）行为礼仪

要准时列队入场，对号入座，不大声喧哗，不疯打追闹。在场内不随便走动，如果离开座位需打扰他人时，要注意礼仪，应说“请”“谢谢”，不可硬性穿插，更不可推搡。

（2）仪表礼仪

最好统一着装，身穿校服，佩戴校徽。注意整洁，精神振作，面带笑容，举止大方。

（3）活动礼仪

联谊活动往往既有统一安排的节目，又有自由活动时间，因此，在整个过程中都要注意礼仪。在统一安排的活动中始终要守秩序。要与活动主持人和活动承担者积极配合，主动沟通交流，为精彩的场面喝彩，不可起哄、尖叫，视具体情形适时鼓掌；服从安排，听从指挥。在自由活动时，做到自由但不散漫，个人的行动服从大局的行动。与人交谈声音不宜过高，不能说些与活动无关的话，也不要为自己所能而津津乐道；行走注意礼让，不能目中无人，横冲直撞。在组织者宣布联谊结束时，主动同自己附近的对方学生道别。

（4）言语礼仪

联谊活动避免不了要和对方交谈，在交谈中要注意谈吐，要文明不要粗俗，要自然不要拘束。谈话时要目视对方面部，注意力要集中，不要东张西望，不要手脚不停，不要漫不经心，不要呵欠连天。

3. 国际间的联谊活动

随着改革开放的深入，对外交流的日益增加，国际间中学生的联谊活动也越来越多了。那么中学生了解这一方面的联谊礼仪是很有必要的。此类联谊活动除了和其他联谊活动有相同的礼仪要求之外，还有其特殊的礼仪。

（1）不卑不亢，以礼待人，体现中华民族的传统美德和展示礼仪之邦的文明风范。要时刻想到自己是在代表着祖国和人民同国际友人进行交流，不要阿谀奉承，也不要心高气傲；不要贬低别人，也不要妄自菲薄。

（2）了解对方的礼俗、禁忌等有关知识，尊重他人人格。在联谊前要通过多种方式了解对方的礼俗、禁忌，以免失礼于人。

（3）寻找共同语言，求同存异。

（4）遵守国家法律。不能忘乎所以，胡说乱道，以致有损国格人格。

劳动、军训的礼仪

1. 劳动实践的基本礼仪

劳动实践是大课堂学习活动。无论是学习内容还是人际关系，均不同于在学校里。因此，除了遵循学校及社会的有关礼仪外，还有特殊的礼仪要求。

（1）尊敬师傅。劳动实践的目的是学习劳动技能技巧，体验劳动的平凡与艰辛，学习劳动者本身所具有的优秀品质。因此，要特别尊重师傅，听从其指点。劳动中，要按师傅的要求做，不要自己独出心裁。对师傅的批评要虚心接受，不要辩解、反驳、“回嘴”，要冷静想一想自己错在什么地方，不要强调自己对的地方或强调师傅批评自己的态度与方法。

尊敬师傅还表现在：把师傅看做自己的长辈，行晚辈的礼仪。如干完活休息时，要请师傅先坐下，端茶倒水照顾师傅。自己能干的活要主动干，并且请师傅指点，不能要求师傅跟自己一样，那很失礼。

（2）遵守劳动纪律。劳动纪律是生产劳动的保证和必需，所有的人概不例外。从人际关系上说，遵守劳动纪律又是一种礼仪。比如在工厂里，不遵守劳动纪律，轻者妨碍别人工作，重者造成重大事故，损害全厂工人的利益。对于学生来说，遵守劳动纪律，更是敬重师傅的一种礼仪。

(3) 不要乱发议论。参加劳动实践目的只有一个，学习和锻炼。完成自己的劳动任务是首要的。听到一些师傅们的议论，看到一些事，不要乱加评论，更不要传来传去。任何单位都有自己单位内部的问题，再好的人也不是完人。单位的事由单位内部自己处理。作为参加劳动的学生乱说乱道，既没有必要也很失礼。

2. 军训中的基本礼仪

礼仪，对于军队、军人来说，是十分重要的，它是军威的体现，是军魂的内容之一。

甲午海战之前，日本海军上将东乡平八郎应邀参观了北洋水师“镇

东乡平八郎

远号”巡洋舰。当时，日本对北洋水师的战斗力还是有疑虑的。东乡平八郎回国后，向当局报告说，清朝的海军虽然吨位多，但是没有战斗力，不堪一击。东乡平八郎根据什么得出这样一个结论呢？他根据两件小事：①他看到“镇远号”的炮管上晾晒着水兵的衣物；②当他参观完下舰时，看到自己的手套脏了。后来，在甲午海战中，北洋舰队果然全军覆没。

可见，军队仪容看似小事，却反映出军威。严整洁净的军容，周到的礼节，正规的军纪，井然的秩序，反映出军队的素质，反映着军队的战斗力。不讲礼仪的军队会溃不成军。刘伯承说过：“我们人民军队是礼仪之师，文明之师……”

对于军人来说，懂礼节，有礼貌，是一个军人有良好素质的体现。

同学们参加军训，学习军仪，是一项重要的内容，按照军队礼仪的要求去做，是提高自己的文明程度，提高自身素质的重要途径。

(1) 整齐划一、庄重、洁净的仪容。整齐划一的仪容是军队所特有的，是与军队高度集中统一的特点相应的。参加军训应力求做到仪容上的整齐划一。比如按要求着装。没有条件穿军装时，也应当规定较统一的衣服，统一穿着。每个同学都要认真执行，不能强调自己的困难。

军训中着装要规范，扣子系齐扣

全，领子翻好，卷起的裤腿要放下拉平。

统一而规范的着装使整个队伍气概非凡、精神饱满。

宿舍中，日用品、衣物、被子的摆放要整齐划一。用品要放在指定的位置上。不能想放哪就放哪。

被子叠好放齐，拍出棱角。这不是摆样子、搞形式，而是严谨的、一丝不苟的军队作风的体现，因此不是可做可不做的事，必须要做到。

洁净指的是搞好个人卫生、宿舍及环境卫生。脏衣服随换随洗，不能泡在盆里或堆放起来。充满汗臭味的宿舍让人难于置身其中，给别人带来不便。而勤劳、麻利的劳动习惯是军人必须具备的，也是同学们必须努力做到的。

最能体现整齐划一的是服从命令听指挥。

(2) 尊重上级，服从指挥。军队中，上下级互相尊重，下级服从上级是特别必须的，没有这一条，军队无法统一指挥。军人的这种意识又是从日常的礼仪中培养训练出来的。作为学员兵应当特别认真执行。

训练中，认真服从口令，听从调动。

受到批评，被点名出列，个别操练，这在军训中是常事，没有必要觉得伤了自己的面子而强词夺理，为自己辩护，甚至拒不执行口令。认真服从，尽量以一个真正的军人的标准要求自己，按着军队礼仪要求去做，就体现了尊重上级。

行走中，遇到班、排长或教官等，应主动打招呼，问好，不能视而不见。

宿舍中，当上级（包括老师）进屋时，应立即起立，问好让座。未经允许应站立说话。

(3) 庄重、严肃是军人的风度。庄重、严肃是军风的重要特点。坐、立、行、走尽量以军人的标准要求自己。这个标准概括起来就是“站如松，坐如钟，行如风”。

军营内行走，不准将手插入衣袋内，不准背着手走路。几位同学同行不要搭肩挽臂，不能边走边吃东西。那些举止与军营的庄重气氛不相合。

参加军训，虽然同学们不是一个真正的军人，但也应该用一个军人的标准要求自己，学习解放军，要从军仪、军风学起。这样才能提高自己的素质，提高自己的文明程度，提高自己的素质。

2009 年大阅兵

课上与课下的礼仪

自古以来，学校就是传授礼仪知识，练习礼仪的地方。在学校教育教学中,，礼仪占有很大比重。如中国古代“太学”的主要学习课程是“六艺”，其中，又以“礼”、“乐”为重。这是因为，学校是传播人类文明的处所，礼仪是人类文明的重要体现。

另外，从礼仪的学习与养成的过程中，学生提高了自己的文明程度，具备较好的教养，这本身就提高了本民族的素质。具备较高素质的人，才可能真正成才。

没有一个学生不希望自己潇洒而有风度，受到同学们的尊敬与喜爱，要做到这些，就必须从课上和课下的基本礼仪做起。

出席文艺演出的礼节

应邀：接到晚会请柬，能否出席，应及早回复主人，以免剧场空缺，影响气氛。如不能出席，已送来的戏票按主人意见处理。

入座：请柬如附有座位号码，应对号入座。如无座次，到现场按本人身份地位了解座位分配情况，然后入座，勿贸然坐到贵宾席。入座应脱帽。妇女可带披肩或大衣入场。

遵守秩序：演出进行中应保持肃静，不要谈话，不要大声咳嗽或打哈欠，更不要打瞌睡。观看节目，主人可略作介绍，以让客人自己欣赏。即席翻译声音要轻。在国外看戏，如非专场，最好事前了解节目内容，情节梗概，现场大略译几句，尽量不要说话，否则会引起周围观众不满。

做文明观众

演出场所禁止吸烟，更不能嗑瓜子、吃零食。

鼓掌：节目在演出进行中不要鼓掌，不要叫好，更不要吹口哨。节目终了，报以掌声。切忌对节目表示不满或失望。除有政治问题外，一般都鼓掌。

观看体育比赛，要发扬优良的道德风格，尊重客队。不起哄，不吹口哨，不鼓倒掌、喝倒彩。对客队的成绩，应热烈鼓掌。

社团活动礼仪

中学生在校期间，除参加少先队或加入共青团组织外，有的还要参加社会团体、学科团体，如红十字会、青年志愿者组织、文学艺术社团、自然科学学科兴趣小组（气象、航模、无线电、天文、植物等）、小发明小制作协会等。参加这些社团活动，必须遵守该团体的礼仪规范。

1. 红十字会

中国红十字会是中华人民共和国的全国性的人民救护、社会福利团体。以实行人道主义为宗旨，在国内，遵循国家的卫生和社会福利方针，协助政府动员和组织人员开展群众性卫生救护和社会福利活动，为我国社会主义现代化建设和促进祖国统一服务。各级学校都有红十字基层组织，班级可建立红十字会员小组。因此中学生可参加中国红十字会成为红十字少年会员。作为会员必须做到：遵守中国红十字会章程，执行红十字会决议，积极参加红十字会各项活动；按时交纳会费；接受红十字组织交给的任务。在学校日常生活中，会员要在校红十字会的领导下，搞好校园美化净化工作；要协助医务室做好保健、防疫的宣传、实施工作；督促检查学生眼保健操、课间操的进行；宣传红十字会方针；弘扬中国红十字会的宗旨；开展校际红十字会的交流；增进同国际红十字会各基层组织的交往，以促进国际友人对中国基层红十字会的认识，光大中华民族美德。

2. 青年志愿者组织

在两个文明建设中，我国各地出现了不少的青年志愿者组织，它们以弘扬民族精神为宗旨，以扶危济困为目的，无偿提供咨询、援助，经常开展志愿者活动。在许多中学里，在共青团组织的指导下，也成立了青年志愿者组织，开展志愿者义务奉献活动，以培养青少年无私奉献的美德。中学生参加志愿者组织的活动，必须遵守组织规程，按时参加组织活动，义务参加校内公益劳动和社会服务活动。在活动中，青年志愿者要注意自身形象，恪守日常行为的礼仪，既做积极的奉献者，又成为讲文明、讲礼仪的典范。

青年志愿者组织

3. 文学艺术社团

为了丰富学生的课余生活，许多学校成立了文学社、舞蹈队、曲艺队、乐队等，并且开展了各项文艺活动。中学生参加社团活动，要遵守社团纪律，服从社团领导；要刻苦学习，努力提高自身文学文艺素养，为同学服务，为社团争光。在社团活动中，讲文明讲礼貌，有礼仪有原则，有修养有风范；切忌以己所长较人所短，自我欣赏，目中无人；要互相切磋，共同提高。文学社成员要按时完成任务，定期上交习作，积极参加竞赛活动；文艺团体成员要经常练习基本功，开展班级文化娱乐活动，进行校际交流，创建校园文化氛围，促进同国际中学生社团的友好往来，弘扬中华民族的传统美德。

4. 学科兴趣活动小组

为了拓宽学生视野，提高学生能力，培养学生特长，许多中学都成立了学科兴趣活动小组，形成了课堂教学的延伸——第二课堂。一般学校都有气象、航模、天文、植物、无线电等兴趣小组。小组的成员都是学科成绩优异或对该学科兴趣浓厚的同学。兴趣小组是在辅导老师的指导下开展活动的，小组成员应尊重辅导老师的指导，遵守兴趣小组的纪律，积极参加兴趣小组的活动。小组成员间应互相尊重、团结互助，注意发挥集体的力量，把小组建设成团结、奋进的集体。气象活动小组的同学要每天注意气象观测，作记录，预报天气，整理资料，并积极宣传气象科学知识。气象小组的活动一定要连续，千万不可中断；一定要做好记录，千万不要以"听"代"察"，或事后补写，要保证第一手材料的客观性、准确性。航模小组成员一定要认真学习航模的基本知识，在辅导老师的科学指导下进行航模制作、实验，参加各级航模比赛。出现的问题要及时解决，而且从道理上弄通弄懂，适时改进航模装置，进而有一定的发现和发明。要保管好航模器材，正确地使用航模器材。天文兴趣小组成员，要有吃苦耐劳的精神，要有恒心有毅力，要爱护天文仪器，要认真培养观察力。每天定时观测，作好记载，遇有重大天文现象要积极主动观察。切忌三天打鱼，两天晒网，草率从事。进入天文台要换鞋更衣；观察完毕要收理好仪表仪器，清理打扫天文台；定期保养仪表仪器。参加动植物兴趣小组的同学必须做到观察仔细，记录认真，科学制作标本。因此，该组成员要求细心、耐心、倾心、精心；爱护动植物标本，积极参加活动，虚心好学。参加无线电兴趣小组的成员，首先要遵守国家有关无线电管理条例，不干违法乱纪之事，不能有损害国格人格之举。在辅导老师的指导下，进行实验、操作，要把所学知识运用到实践中去。要爱护无线电器材，遵守小组规章制度。

5. 小制作小发明协会

在中学里，学生通过劳动技术课的学习，具有了一定的小发明小制作的能力。协会会员则需要充分发挥其动手能力和想象联想能力，并且要逐步提高欣赏能力。在小制作的过程中，既要尊重辅导老师，又要发挥个人才智；既要集思广益，又要发挥主观能动性；既要谦虚谨慎，又要敢于创新。在小制作过程中，一定要本着节俭的原则，最好能进行废旧物品的综合利用，力求变废为宝。小发明既要重科学性，又要重实用性。加入协会的同学要注意知识的积累，注重科学实验，不可剽窃他人成果。

购物礼仪

中学生在日常生活中常常要到商场购物。购物中应讲究文明，要学会购物礼仪。

在我国，营业员与顾客之间是相互平等的关系，应该互相尊重。营业员固然要文明经营，礼貌服务，而顾客也应该尊重营业员的劳动。

走进商店购买商品时，要用恳切的声调招呼营业员，不要“喂、喂”叫人，更不能盛气凌人，用命令式的语气说话。营业员正在为别的顾客服务时，应在旁稍等片刻，不要急于招呼。有时商店里声音嘈杂，营业员没有听见你的招呼，这时千万不要用手敲击柜台和橱窗，应耐心等待或继续招呼。

在挑选商品的时候应事先有所考虑。如果只是看看，并不准备买，尽量不要让营业员把商品拿给你。即使打算买，挑选时也不要过分挑剔，以免影响营业员为别的顾客服务。当你挑选某些易损、易碎、易污的商品时，要谨慎小心。如不慎损坏了商品，又没有什么补救的方法，应主动赔偿损失，或者把损坏了的商品买下来，不要强词夺理不认账。

节假日商店里顾客较多，我们更应该注意礼貌，自觉遵守秩序，排队购物，不要争先恐后，乱挤或插队。如果你有急事需要先买，应向营业员和排在前面的顾客说明理由，征得他们同意后，方可购买。如遇到外宾、老弱病残者，或有急事的顾客时，应该主动让他们先买。

营业员同志有时难免会发生一些差错，如果错拿商品，找错零钱，作为顾客应给予谅解，耐心指出，善意提醒，帮助营业员同志及时纠正。如营业员不虚心接受，也不要和他争吵，可以找柜台负责人或商店领导人说明情况，要求解决。

有时，由于事先没有考虑周全，或其他原因，需要调换买好的商品，要耐心向营业员说明调换原因。当营业员根据有关规定向你说明不能调换的时候，不应强争，以免影响营业秩序。有些商品如食品、易损商品是不能调换的，购买这些商品时更要事先考虑周全，即使买得不满意，也不能要求调换。

当遇到态度不好的营业员时，要耐心说理，也可提出意见，或向商店领导反映，千万不要以眼还眼，以牙还牙，发生争吵；如果是自己违犯了商店规定，或影响了他人，要主动道歉，接受批评。

当购物完毕，离开柜台时，应向营业员道谢，感谢他们的热情服务。尤其是营业员帮助你解决了特殊困难时，更应感谢，或写在留言簿上，或写信提出表扬。

保持商店的环境卫生也是文明行为之一，应该注意不要随地吐痰，不乱扔果皮纸屑和商品的包装纸。当你购买了易染、易碎的商品时，要小心携带，不要碰着别人，以免沾污别人的衣裳。当不小心发生这样的情况时，应主动赔礼，请求谅解。

医院就诊

到医院看病，或陪同病人到医院就诊要遵守秩序。挂号要排队，候诊时要耐心等待，听从医务人员安排。不要大声喧哗，也不要到处走动，更不可在候诊室里吐痰、丢果皮纸屑。若因病情原因，需急诊或提前就诊，必须征得有关医护人员和病友的同意。

与病友相处，要以礼相待，切不可因自己或亲人有病，就不冷静不理智，贸然行事，影响就诊的气氛。

要相信和尊重医生。当医生询问病情时，要如实回答，不可随意夸大或缩小甚至编造病情，以免误诊。对诊断结果、治疗方案、注意事项等有不明白的，应有礼貌地向医生询问，不可随意打断医生的讲话，甚至与医生争吵。在就诊过程中，要主动配合，协助医生做出正确诊断。

遇到不负责任的医生，不要发火，要耐心向医生陈述病情，征求意见。如果不能解决问题，可以向医院领导反映，不要大吵大闹。

图书馆（室）阅览

进入图书馆和阅览室，衣着打扮要庄重大方，不要穿背心或拖鞋。也不要浓妆艳抹、穿带钉的高跟鞋。要按先后次序进入，不可一轰而入。

就座时，不要抢座位，不要给旁人占座，也不要抢占别人暂时离开的座位。走动时脚步要轻。切忌在阅读时与他人窃窃私语，更不能大声喧哗。不要利用图书室睡觉、休息，以免影响他人阅读。

查阅目录卡片时，不能乱翻、撕坏或用笔在上面画记号。

对开架书要一本一本看，不能一下拿好几本。阅读完后，要立即放回原处。

爱护图书，不能乱抹乱画，更不许撕页、折页。需要某些资料，在得到管理人员允许后方可借阅或复印。

借阅的书籍要及时归还，加快周转，不能把持一些“热门书”不放，以免影响他人借阅。

观看影视剧

在影剧院观看电影、戏剧或是欣赏音乐会，要特别注意两个方面的关系：一是与观众的关系。要考虑自己的言行、举止是否影响旁人；二是与演员的关系。要考虑自己是否尊重他们的辛勤劳动。

进入影剧场衣着要整洁、合时宜。

要提前 10 分钟入场，找寻座位稍事休息，不要迟到。看电影如果迟到了，要跟随引座员进去，姿势要低，不可影响他人。当同排观众给你让座时，要表示感谢。穿过去时，最好不要撅着屁股，背对着人家，可面向或侧向别人进到自己的座位上。观看演出迟到了，则应在幕间静场时入座，而不能在演出过程中入座。

自觉遵守剧场规则，不得在场内谈话、吐痰、吃东西，更不能喧哗和碰响座椅。

观看影剧时，应摘下帽子，不要左右摇晃，以免妨碍后面观众的视线。不要把脚踏在前排座位上，这会弄脏椅子和前排观众的衣服，也不文明雅观。

观看影剧时，除了因情节有趣引起的笑声外，需要绝对的安静。影剧场不需要现场“评论家”。

观看演出时，每个节目演完，要鼓掌表示感谢，整个演出结束，要热烈鼓掌表达谢意，等演员谢幕完毕，再离开座位。

由于各种演出的形式不同，观赏时对鼓掌也有不同的要求，应特别地予以注意。观赏中华艺术的瑰宝——京剧、地方剧时，精彩处可叫好、鼓掌；而聆听交响音乐，欣赏芭蕾舞剧、歌剧，则不宜在演出中间鼓掌，更不可在自认为精彩处鼓掌，以免影响演出效果和氛围；观看现代摇滚乐，容易唤起听众的参与感，往往呐喊、鼓掌不断。

对演员的失误；要给予谅解，不要喝倒彩、起哄、吹口哨、跺脚。电影放映中断，要耐心等待，不能呼叫。对扰乱演出秩序的人，观众有责任进行规劝，以保证演出正常进行。

演出或放映中，尽量不要退场，实在有急事，也要轻轻离开座位，切勿影响他人。

演出临近尾声，不要提前离座，匆匆忙忙地走向出口，影响他人观看，应等演出结束，再有秩序地退场。

文明乘电梯

在我们的日常生活工作中，往往能听见这样的抱怨声，这电梯怎么还不来？于是，乘客便急不可待，不停

电　梯

地按电梯呼梯按钮，有的人甚至用脚踢门。小区电梯门，梯门斑驳丑陋，甚至有的露出被小刀划割的伤痕……竟然还有人把自动扶梯当成“跑步机”强身健体。这些行为十分不雅，十分不文明，这样的行为只会给自身形象抹黑。

种种不爱惜电梯的行为在日常生活中相当常见，作为现代我们家居生活最亲密的朋友，善待电梯，实际上也是善待我们自己，为我们的安全和方便负责。善待电梯，需要我们从点滴做起。乘坐电梯时讲文明讲礼仪，是善待电梯的最具体体现。按呼梯按钮，一次即可，不反复乱按，不用伞柄、木棍、尖刀、钥匙等器物指戳，更不要以脚代手。不在电梯内大声喧哗、嬉戏，不乱蹦乱跳，不左右摇摆，以免安全装置误动造成乘客被困在轿厢内，影响电梯正常运行。爱护轿厢内设施，如操纵盘、楼层显示器、警铃按钮、摄像头等，不将口香糖贴在按钮上，不在轿厢内乱写乱画，乱扔污物，这样既保持了电梯轿厢内的清洁，又保证了电梯的使用寿命。自觉不在电梯内吸烟，既有利于他人健康也有利于避免火灾发生。

电梯，为我们的生活提供了便利，也检验着我们的文明素养，我们应该也必须善待它。善待电梯，就是降低维修成本，延长电梯寿命；善待电梯，就是对我们的生活质量负责，对我们自己的生命安全负责。

交通礼仪

乘飞机要讲规矩

随着生活水平的日益提高，很多人出门会经常乘坐飞机或火车。当五湖四海的朋友聚集在这小小的公共空间里时，您的言行举止不仅影响自己留给别人的印象，同时，也影响着大家的旅途心情与安全。

关于乘坐飞机与火车的礼仪问题可谓各式各样，而被多次提起的同一个问题是：飞机上到底能不能脱鞋？

火车内

一位旅客说，他乘坐飞机时，最怕的就是周围有人脱鞋。他形容道："如果将各地域的臭脚聚在一起，那几小时的密闭飞行简直就是一种刑罚。"但这位旅客感到非常疑惑，他说："按理说，在公共空间里休息是不能脱鞋的，但有一次出国，我乘坐的是外航，人家空中小姐还给旅客提供拖鞋，这就意味着飞机上可以脱鞋休息。那么，飞机上到底能不能脱鞋呢？"

飞机与火车不同于一般的公共空间，在飞机场或候车室内都是不能脱鞋的；而在飞机和火车上，因为人们旅途比较劳累，为了更舒服地旅行，可以脱下鞋充分地休息。所以，脱鞋行为本身并不失礼，失礼之处往往在于因为脱鞋而"污染"空气味道，给其他旅客带来不快。解决这个问题很容易，您乘飞机或火车前，换上干净的鞋子和袜子。如果还不能"抑制"味道，您可以去盥洗室换上一双拖鞋，甚至把双脚用消毒纸巾擦净，再把有味道的鞋子和袜子装在塑料袋里，然后再回到座位或车厢里，并把放鞋的袋子放在不碍事的地方，就不会失礼于人了。

客 机

飞机上的饮料可以敞开饮用吗？

飞机上的饮料是不限量免费供应的。但需要注意的是，在要饮料的时候，只能先要一种，喝完了再要，以免饮料洒落。而且，由于飞机上的卫生间有限，旅客应尽量避免狂饮饮料。

在乘务员发饮料的时候，坐在外边的旅客应该主动询问里面的旅客需要什么，并帮助乘务员递进去。

在飞机上可以喝酒或吃零食吗？

在飞机上是可以喝酒的，但只是为了促进饮食，不能像在饭店里一样推杯换盏，尤其要注意的是，千万不要酗酒。

由于飞机所能承受的垃圾数量有限，所以旅客最好不自带零食，尤其是一些带壳的零食。此外，旅客不要把飞机上提供的非一次性用品带走，比如餐盘、耳机、毛毯等。

旅客结伴出行时，在办理登机牌和安检时，其中一个人替大家排队算“加塞儿”吗？

在办理登机牌和安检的时候，每个人都要自觉排队。有的人为几个朋友占着队，一来好几个人都加进他的位置上，这样做不太好。因为办理登机牌和安检的队伍往往有好几个，旅客可以选择人较少的队伍排，而占队的行为会增加其他旅客的排队时间。

安检时还需要注意，在轮到自己安检前，要提前把护照、身份证、登机牌和机票准备好，以免临时翻找耽误时间，也容易出错。

如果买的是火车卧铺的上铺或中铺票，没到睡觉时间可以坐在下铺席位上休息吗？

上铺和中铺的旅客不要长时间占用下铺床位。需要坐时，要先询问对方，得到允许后，要道谢。上下床时，动作要轻，注意自己鞋上的土不要把下铺的床位弄脏。在其他旅客已经休息时，不要大声喧哗，如需交谈，可以到走廊上或列车两边的洗手池旁。

同行者在乘坐火车时为了聊天、打牌方便，如果票位不挨着，可以换票吗？

在这种情况下，上车后要先按照自己的座位号码就座，等旅客都坐好后，再和相应的旅客商量调换。如果对方同意了，要表示感谢；要是不同意，也不要勉强。在和朋友说话或者玩扑克牌等游戏时，不要大声说笑，以免打扰其他旅客。

登机应少带行李：

乘飞机时，一定不要带太多随身行李。很多人不愿意托运行李，于是便带着大包小包乘飞机。这样一来，在取放行李时，他们经常长时间占用过道，影响其他人通行。而且，还会占用别人的行李位，使后来的旅客往往没有地方放自己的随身物品。

上卫生间要讲究：

在火车上使用卫生间时，一定不要随手乱扔废纸或者把卫生间搞得很恶心。

车厢内切忌扰邻：

无论是坐火车还是乘飞机，都要保持安静，不要因为自己开心而让别人不开心，尤其是团队外出更要注意。

有这么一家人，他们晚上 8 点上车后就没停过嘴，吵得旁边的人直头痛。到了半夜 12 点多，一女孩儿居然打开收音机放歌曲。没过一会儿，他们又开始拉开嗓门大声说话。那可是半夜两三点啊！这伙人有说有笑，一直吵到早上 5 点他们下车。

飞机车厢内

在候机大厅内，旅客要注意，一个人只能坐一个位子，不要用行李占位子。而且，注意异性之间不要过于亲密。无论是同性还是异性，都不要坐在对方腿上，这是非常不礼貌的行为，特别是在国际机场。在座位紧张的情况下，要把座位让给老人、抱小孩的妇女或孕妇。

在机场，旅客携带的行李比较多，一般会使用行李车。在使用行李车时要注意爱护，不要损坏。在座位上休息时，行李车不要横在通道内，影响其他旅客通行。

在旅客换完登机牌后，一定要注意看登机牌的具体登机时间。

在飞行的过程中，一定不要使用手机，以免干扰飞机的系统，发生严重后果。所以，旅客一上飞机就要关闭手机，在飞机停稳后才可以打开。

邻座旅客之间可以进行交谈，但

不要隔着座位说话，也不要前后座说话。注意谈话的声音不要过大。

乘飞机和火车都要注意衣着得体，穿着可以舒适，但不要敞胸露怀。

候　车

在火车候车大厅内，旅客要注意行李的摆放不要妨碍其他旅客通行。一个人只能占一个位子，不要躺在椅子上，也不要把脚跷在椅子上。在候车大厅内吃东西时，不要把垃圾随便扔在地上，最好自己带一个小塑料袋，把垃圾放进去。不要随地吐痰，也不要把水倒在地上。带小孩的旅客注意，一定要带小孩子到卫生间上厕所，不要为了图方便，直接在候车大厅的角落里方便。

候车厅

交通礼仪——交通工具的规格和座次的安排

所谓交通礼仪，在此是指接待方在正式的公务接待活动之中，在为来宾安排、准备、挑选专供对方使用的车辆、船只、飞机时，所需要遵守的礼仪规范。

方便舒适：有可能的话，在为来宾安排、准备、选择交通工具时，要优先考虑综合指标优、舒适程度高、服务质量好、社会声誉佳者。

顺畅快捷：一般而言，应当为来宾选择快速并且直达目的地的交通工具。最好不要让来宾在凌晨或子夜动身上路，也不要让对方在夜晚抵达目的地。

专人负责：应当善于进行沟通，善于随机应变。因为在派车、订票、购票、改签或确认等一系列的具体工作上，若非具有如此素质者，往往难当此任。

排好座次：为来宾安排或选择对方所乘坐的交通工具的具体座次时，总的指导性原则有三：一是要符合常规，二是要量力而行，三是要主随客便。

轿车的座次：在轿车之上，座次的常规一般是右座高于左座，后座高于前座。以一辆目前在国内公务接待中最为常用的双排五人座轿车为例，车上座次的尊卑自高而低依次应为：后排右座，后排左座，后排中座，前排副驾驶座。在公务活动中，轿车上的前排副驾驶座通常被称为“随员座”。按惯例，此座应由秘书、译员、警卫或助手就座，而不宜请客人在此就座。唯独在主人亲自驾驶轿车时，客人坐在副驾驶座上与主人“平起平坐”，才是合乎礼仪的。在一般情况下，双排五人座轿车上的后排中座左右挨夹，坐在那里不很舒坦，故不宜请客人就座于此。

在公共汽车上，座次尊卑的一般规则是：前座高于后座，右座高于左座；距离前门越近，其座次便往往越高。在有的公共汽车上，座位被安排在通道两侧。碰到这种特殊情况时，一般应以面对车门的一侧为上座，而以背对车门的另一侧为下座。

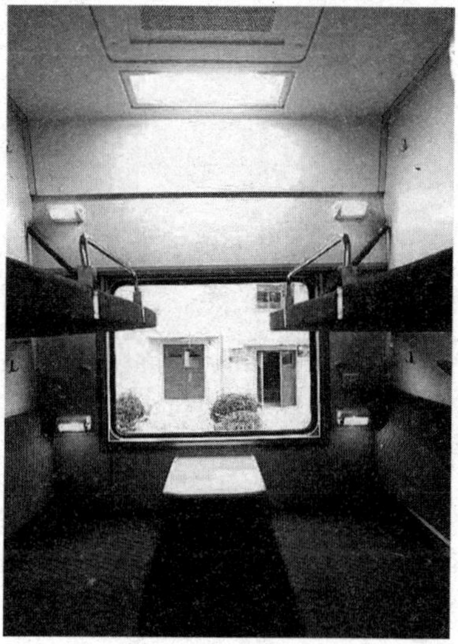

卧铺车厢

在火车上，座次的常规通常为：距离火车头愈近的车厢，其位次便愈高。距离车厢中部越近的包厢、铺位或座位，其位次便愈高。皆以面对火车行进方向的一侧为上位，而以背对火车行进方向的另一侧为下位。卧铺则以下铺高于中铺，中铺高于上铺。在同一排座位之中，以临窗者为上座，以临通道者为下座。在同一行座位之中，则以右座高于左座。

在来宾乘坐交通工具时尚须接待人员主动给予对方以热情的帮助和周到的照顾。（1）代为联系订座；（2）交运领取行李；（3）上下加以护送；（4）提供饮食药品。

通讯礼仪

通讯的礼仪攻略

人所共知，现代社会乃是一个信息的社会。对于广大商界人士而言，信息就是资源，信息就是财富，信息就是生命，所以大家不约而同地对信息重视有加。目前，多种多样的现代化通讯工具层出不穷。它们的出现，为商界人士获取信息、传递信息、利用信息，提供了越来越多的选择。

早期的电话

通讯，一般有其特定的含义。它是指人们利用一定的电讯设备，来进行信息的传递。被传递的信息，既可以是文字、符号，也可以是表格、图像。在日常生活里，商界人士接触最多的通讯手段，当今主要有电话、电报、电传、寻呼、传真、电子邮件，等等。通讯礼仪，通常即指在利用上述各种通讯手段时，所应遵守的礼仪规范。

在所有电子通讯手段中，电话出现得最早。迄今为止，它也是使用最广的。因此，电话礼仪是商界人士所要掌握的重点。对于商界人士来讲，电话不仅仅是一种传递信息、获取信息、保持联络的寻常工具，而且也是商务人员所在单位或个人的形象的一个载体。在商务交往中，普普通通的接打电话，实际上是在为通话者所在的单位、为通话者本人绘制一幅给人以深刻印象的电话形象。所谓电话形象，即人们在通电话的整个过程之中的语言、声调、内容、表情、态度、时间感等等的集合。它能够真实地体现出个人的素质、待人接物的态度以及通话者所在单位的整体水平。正是因为电话形象在现代社会中无处不在，而商务交往又与电话“难解难分”，因此凡是重视维护自身形象的单位，无不对电话的使用给予了高度的关注。

与日常会话和书信联络相比，接打电话具有即时性、经常性、简捷性、双向性、礼仪性等等较为突出的特点。所谓即时性、经常性、简捷性、双向性都不难理解，而所谓礼仪性却不能够不为之“正名”。

电话的礼仪性特点，直接与前面提到过的“电话形象”密切相关。它是指不论是打电话还是接电话，都必须以礼待人，克己而敬人。假如不注意在使用电话的过程中讲究礼貌，先敬于人，无形之中将会使自己的人际关系受到损害。

使用电话通讯，有主动地拨打电话与被动地接听电话之别。从礼仪方面来讲，拨打电话与接听电话时有着各自不同的标准做法。以下，就分别对其加以介绍。

在日常交往中，我们需要和人沟通时，经常要通过电话，此时我们需注意以下几个问题。

问题之一，是这个电话该不该打。需要通报信息、祝贺问候、联系约会、表示感谢等等时候，都有必要利用一下电话。而毫无意义、毫无内容的“没话找话”式的电话，则最好不要打。即使非常地想打电话聊聊天，也要两厢情愿，要先征得对方首肯，并选择适当的时间。不要在单位打私人电话。在公用电话亭“目空一切”地“煲电话粥”，也是做人极不自觉地表现。

问题之二，是这个电话应当何时去打。有关公务的电话，应当公事公办，最好在上班时打。双方约定的通话时间，轻易不要更动。要想使通话效果好一些，使之不至于受到对方繁忙或疲劳的影响，则通话应选择在周一至周五，而不应是在周末。也不要在对方刚上班、快下班、午休或快吃午饭时，不识时务地把电话打过去。因紧急事宜打电话到别人家里去，通话之初先要为此说声“对不起”，而且尽量不要在对方用餐、睡觉、过节、度周末时这样做。与外商通电话时，须顾及对方在作息时间上的特点。打电话去海外，还应考虑到此地与彼地的时差。

问题之三，是这个电话的内容应当如何准备。电话被称为“无形造访的不速之客”。在很多情况下，它都有可能“出其不意”地打搅别人的正常工作或生活。因此，打电话的人务必要有一个明确的指导思想，除非万不得已，每次打电话的时间不应超过3分钟。在国外，这叫做“通话3分钟原则”，已为商界所广泛遵守。有鉴于此，商界人士在打电话前，为节省时间，一定要“去粗取精”，条理清晰地预备好提纲。届时，应根据腹稿或文字稿来直截了当地通话。若拨通电话时对方正忙，则不应强人所难，非“一气呵成”不可。可以约一个时间，过一会儿再打。此外，与不熟悉的单位或个人联络，对对方的名字与电话号码应当弄得一清二楚，以便“胸有成竹”，免得因为搞错而浪费时间。

在打电话时，对一个人的电话形象影响最大的，当首推他自己的语言与声调。从总体上来讲，它应当简捷、明了、文明、礼貌。

在通话时，声音应当清晰而柔和，吐字应当准确，句子应当简短，语速应当适中，语气应当亲切、和谐、自然。不要在打电话时为自己的情绪所左右，要么亢奋激动，一上来就“力拔山兮气盖世”，像一位草莽英雄一般地大声吼叫，震耳欲聋；要么情绪低沉，断断续续，小声小气地如同“耳语”或“哀怨”一样，让对方干着急也听不清楚。

有一点务请注意，打电话时最好双手持握话筒。讲话时，嘴部与话筒之间应保持3厘米左右的距离。这样的话，就不会使对方接听电话时，因话音过高或过低而感到“难过”了。

打电话时所使用的语言，应当礼貌而谦恭。应尽快地用三言两语把要说的事情讲完，不要啰唆来啰唆去，连自己都不明白“刚才说到哪儿了”，从而浪费别人的时间。若非事关重大的时间、数据，一般没有必要再三去复述已经讲过的话。

打电话时，每个人开口所讲的第一句话，都事关自己给对方的第一印象，所以应当慎之又慎。如果电话接通后，自己所说的头一句话是“喂，喂”或“西海公司么”、“小丁在不在”，则既不礼貌，也不规范。

打电话时所用的规范的“前言”有两种。第一种适用于正式的商务交往中，要求礼貌用语与双方的单位、职衔、姓名“一同道来”。其标准的“模式”是：

“您好！我是省化工进出口公司营销部副经理王琳琳，我要找西华市化工进出口分公司经理高杰先生，或者是副经理杨晓春先生。”

电话礼仪

目前，电话已成为现代社会的主要通讯工具之一。打电话大有讲究，可以说是一门艺术，如果缺乏使用电话的常识，不懂打电话接电话的礼仪，那么电话所传递的信息就可能产生障碍。使用电话传递信息时通话双方彼此之间不见面，直接影响通话效果的是通话者的声音、态度表情和使用的言词。这三者一般被称做“电话三要素”。它们既与通话内容相关又直接影响通话者之间的相互关系。一位名人曾经说：“不管是在组织里还是在家里，凭一个人在电话里讲话的方式，就可以判断出其修养水准。”使用电话，应注意以下几个方面的问题：

1. 拨打电话

（1）时间选择适宜

使用电话的时间应该包括选择打电话的时间和电话交谈所持续的时间长短。如果不是特别紧急的事情，打电话一般不在早上7：00以前或就餐时间或晚上10：30以后，这几个时间打电话有可能会打扰对方休息或用餐。电话交谈时间以3~5分钟为宜，不宜过长。如果打电话的时间须5分钟以上，而又没有提前预约，应该向对方说明要办的事，征询对方是否方便，如果对方不便就请对方另约时间。

（2）准备好通话内容。大凡重要的电话，通话之前应做充分的准备，这样既可以节约时间又可以抓住重点，条理分明。

2. 电话交谈中多用雅语、敬语、礼貌用语

如果是在单位上班时间接电话，拿起话筒后应亲切、和善、优美地回答说：“您好，（这是）××单位，请问您找谁？”声音清晰、悦耳、吐字清脆的第一声招呼会给对方留下良好的印象，对方对其所在单位也会有好印象。要记住，接电话时，应有“我代表单位形象”的意识。如果电话是打到家里，接电话的人可以说：“你好，请问你找谁？”“你好，这是家庭电话，请问找哪位？”或直接说：“喂……您找谁？”但声音要亲切、柔和。打电话的人应该说：“您好，我是××单位的××，我可以和××通电话吗？（或请问××在吗）”打电话的人挂电话前应该说一声“谢谢，再见”

“抱歉，打扰您了！”“有事来电话，再见。”等得体恰当的礼貌用语，彼此恭谨致意，会让双方都感到愉快。一般由电话的一方先提出结束谈话，致告别语。对方是长辈、上级、外宾或女性，要请对方先放下电话筒。如果来电话的人谈话太啰嗦，聊些无关紧要的事情浪费时间，你可以有礼貌地说：“对不起，我有些事情要去办，以后再谈好吗？”或说：“我不想占用你太多时间，我们改日再聊行吗？”

3. 控制情绪，保持喜悦的心情

电话交谈，应该始终心存尊重、诚恳之意。要保持良好的心情，即使自己心情很不好，刚刚遇到过很烦恼不顺心的事情，接电话时也不要让自己不佳的情绪影响语气、语调，而使

对方感到不舒服。打电话时虽然彼此看不见，但应该从欢快、热情、亲切的语调中让对方受到感染，给对方留下极佳的印象。在电话中只要稍微注意一下自己的行为就会给对方留下完全不同的印象。有资料报道，日本一家公司老板为了让接线员时刻有笑容，给每个接线员配一个镜子，时刻用镜子检查自己，结果取得了很好的效果。

4. 声音清晰明朗，语气语调控制在最佳状态

语气语调最能体现细致微妙的情感。语调过高，语气过重，会让对方感到你尖刻、生硬、冷淡、刚而不柔；语气太轻，语调太低，会让对方感到你无精打采，有气无力。一般说来，语气适中，语调稍高，声音清晰明朗，尾音稍拖一点，会让对方感到亲切自然。打电话的姿势也会影响声音效果，如果打电话时弯腰躺在椅子上，说话时气流不通畅，传给对方的声音是懒散的，无精打采的。若坐姿端正，发出的声音就会亲切悦耳，充满活力。所以打电话时，即使对方看不见，也应保持端正的姿势。另外，打电话过程中请不要吸烟、喝茶、吃零食，否则就是对对方的不尊重。

5. 电话通讯的其他礼仪

接电话最好养成左手拿话筒的习惯，这在快节奏、高效率的企业公司尤为重要，因为接电话时需要记录的时候非常多。这样做是为了右手便于记录。打电话前最好把要谈的重要事情预先整理做成记录（目的明确），这样可以提高谈话效率。接电话应迅速，一般应在电话铃响三声之内接听，最好在听到一次完整的铃响后即拿起话筒，让对方长时间久等是不礼貌的。电话礼貌是维持良好人际关系的重要方式。我们接听任何人来的电话不管找谁都要热情、亲切、礼貌，即使来电话要找的人与你有矛盾或是你不喜欢的人，也绝不该在电话中体现出不悦、不礼貌，因为那样做只能让对方知道你是一个心胸狭隘、没有修养的人，对方因此也会对你所在的单位产生不良印象。最后要谈的就是使用公用电话，应互谅互让，多为他人着想，尽可能缩短通话时间。

运用电话进行交谈应怎样讲究礼貌

（1）首先应当尽快使对方了解自己是谁，通话双方都应当报上自己的名字；

（2）如果需要找人，应请对方“稍等”，如该人不在，应有礼貌地给予回答；

（3）打电话应当使用简洁明快有礼貌的语言；

（4）除非你了解对方的生活习

惯，一般不要在早上8时以前或晚上9时以后给人打电话，中午也要注意对方的休息；

(5) 打完电话应有礼貌地说“再见”，不要随意中断电话；

(6) 如你正在开会或接待客人，为避免让客人久等，应说明情况，请来电话的人改在其他时间再来电话；

(7) 手机只能在合适的场所才能打开，在会场、医院、剧院、电影院等场所，均不宜使用手机；

(8) 在飞机上禁止使用手机，在公共汽车、电车上使用手机也不合适；

(9) 在餐厅用餐，必须离开桌子到餐厅一角去使用手机；

(10) 打长途电话，特别是价格昂贵的地区，不要随便要求对方主动打过来，可以问清时间后打过去；如果给国外打电话，还应弄清时差，以便不打扰别人休息，等等。

短信礼仪禁忌

案例一

闲来无事常常短信骚扰

一位女士在台下开会，会议冗长又没太多实质性内容。闲来无事，她给朋友发起了短信：“干吗呢？在忙什么呢？”朋友怕不回短信不礼貌，回答说：“正上班呢！”“有什么好忙的？给你发个笑话放松放松！”这位女士开了三个小时会，发了两个半小时短信，她的朋友呢，桌上的手机不断地响起，不看又怕耽误事，看了又是一通闲聊，不回好像还不合适。这位朋友一下午就因为这“信骚扰”什么也没干成。像这位女士喜欢狂发短信的人现在并不少。

案例二

短信广告搅了美梦

一天早上7点多，刘先生的手机突然响起，来短信了。刘先生上夜班，同事朋友上午一般都不给他打电话。这会儿睡得正香的刘先生不愿意起来看短信。但他的手机有未接提示，如果不阅读，每隔几分钟就会发出提示音，没办法，刘先生只得爬出热被窝。一看，刘先生真要气歪了，原来是京城一家洋超市发来的促销广告，而刘先生很少去这家超市购物，也不知道超市是怎么得到的电话。就因为这一个短信，刘先生的觉泡汤了。

这些场合不适合打电话

在会议中间铃声不断响起、有人在台下没完没了地拨打、接听电话已经成了大家深恶痛绝的事。在现代社会，很多人确实需要在同一时间内处理几件事，但要从维护群体利益出发，能拖的会后解决，能提前的会前解决。换位思考一下，如果你在台上讲话，下面的人都在没完没了地打电话，你高兴吗？

1. 电影院、严肃音乐会、舞蹈演出等严禁手机铃声干扰

如果是观看电影、听严肃音乐会、看舞蹈演出等，严禁手机铃声干扰。通常情况下，应当关机。因为即便是铃声设置为振动，也不宜拿起来接听或者突然站起来走到门外去。任何响动都有可能破坏整体气氛，影响其他人的欣赏。

2. 在医院也应将铃声调到静音，同时不宜接听电话

到医院去探访病人，要提前将手机铃声调到振动上，以免影响病人休息。如果在探访过程中有人来电，尽量不要接听，等探访完毕后再打回去。如果实在有急事，接听电话声音尽量要轻，同时力求简短。对住院病人来说，在医院每天躺着无聊，也不能拿着电话与外界煲电话粥，以此打发时间。殊不知你睡不着并不等于别人也睡不着。另外医院晚上进入休息时间后，一些值班的护士在无事可做的情况下，也常常发生打电话谈恋爱或聊天的情况。护士应该考虑到虽然自己是上班时间，但病人已经到了休息时间，在安静下来的医院里，很小的声音都会传到病房，影响病人休息。

3. 公务拜访、宴请中不宜拨打、接听电话

公务或商务拜访他人、宴请客人时都不宜拨打、接听电话。拜访和宴请都是一种隆重的礼节，所以行为上就要显得非常尊重对方。拜访他人、宴请客人时还在与会场外的人交流交谈，会让人感觉不受尊重。

4. 到别人家做客也不能老打电话

到别人家做客，是侵入到了别人的私人领地，所以就不能为所欲为。如果不停地拨打、接听电话，会让主人难堪。

5. 与人交谈时接听电话注意措辞

当你正在与人进行非正式交谈时，如果有事可以接听电话，但要说声“对不起”，并且一定要注意接电话的态度和措辞。比如不能对着电话里的人呵斥，不能用脏话、不能变得怒气冲冲，否则正在与您交谈的人会因为您的不良情绪而变得坐立不安。尤其是与长辈交谈时，更要避免发生这种情况。

6. 就餐中别对着餐桌打电话

参加宴会或与人一起进餐时，不能对着餐桌打电话，要离开餐桌。如果是茶话会，或者不方便离开餐桌，则要侧转身子，用手遮挡一下，防止唾沫溅到饭菜上。

7. 不能接听轻声告知

如果正在开会或交谈，不方便接听电话，可以轻声告诉对方，“对不起，正有事，回头给你去电话”。事后则一定要主动给对方回电话。

8. 特殊场合打电话要体会他人感受

谁都知道开会不能交头接耳，不能说话，其实开会打电话比说话还招人烦。但是很多人认为说话不应该，接电话却特别理直气壮，这是一种严重的无政府主义表现。有一定身份的人对社会有示范作用，如果他们在会议中打电话，就会带来更不好的后果。在特殊场合，拨打、接听电话者要学会体会其他人的感受：如果我这么做，别人是高兴还是不高兴？不断反思自己的行为得失，修正自己的行为，今后进入任何一种场合，就会有自然得体的举动。

如何礼貌地使用语音电话

如今，语音电话已越来越普及；然而，尽管它有种种的便利之处，人们还是觉得“留言”成了人们直接对话并且尽快得到答复的一个障碍。而有些人从来不去直接接听电话，而是使用录音电话。打电话时你听到的是留言电话用的一些“格式语”，而不是你想找的人在接听，可这种情况往往是最后使你的工作耽误上几天得不到解决。如果你必须留言的话，务必要留得尽量详细，因为只有这样才能使你想要找的人通过电话给你一个较完满的答复。

对于公务繁忙的人来说，录音电话是一个不错的工具。但对于刚刚踏上工作岗位的你来说，应尽可能地接听每一个电话，而不要使用电话录音功能。因为你的老板和同事会认为初级职位的你还不适合使用它，否则他们会认为你是懒于接电话而使用电话留言。

你也应该养成回复所有打电话给你的人，而且尽可能地在当天就回复。如果一个人为了一件事情而三番两次的打电话给你，他们会为你贴上这样的“标签”：你是一个不可信赖的、没有效率的人。随后，你会惊讶于这样的评论是如何之快地传到你老板那里。

电话中特殊情况应急妙计

秘书朋友在工作中是不是会有可能接到一些出乎意料的电话，如一位怒气冲冲的同事或者不知所云的人打来的电话，为了公司的形象，也为了体现自己良好的素养，这些情况要求我们采取最佳的处理方案，合理合情解决问题。下面所提及的便是应付这类电话的技巧。

1. 当你难以及时回答对方时

无论你接电话前精力如何集中，总有些时候，当你拿起电话时，即发现总有这样或那样的原因让你需要更长一点的时间向对方作出有效的答复。在这种情况下，你可以使用下列权宜之词，以帮助自己赢得时间，你可以说：

“对不起，另一部电话响了，请您稍等，我马上就回来。”

“对不起，有人正等着和我通话，等一会儿我再给你打过去好吗？”

“对不起，碰巧这时有人来找我，我一会给您打过去好吗？”

“您能给我点儿时间去查查资料吗？”

“我认为这件事很重要，让我仔细考虑一下再答复你。”

“对于这件事我有许多想法，我能过一会儿再打电话跟您讨论吗？”

“很抱歉现在我很忙，我知道这件事对您非常重要。明天下午4点您有空吗？那时我再跟您详谈好吗？”

“这个消息我并不知道，我能落实一下，明天再给您打电话吗？”

“很荣幸能为您服务，我能在星期五约个时间，再打电话给您谈这件事吗？”……

但必须注意：你不能总是重复使用这些说法，因为大多数人明白这些托辞的用意。当然，当你让他人等到最后时，你应首先表示感谢。但有些时候，你不一定非要如此，而可以换一种方式。如，你可以说：“真不巧，我不得不办完这些事。”你甚至还可以更加坦率——“我知道这是一件非常重要的事，但我的确不能立即做出答复。”在有些情况下，如果你的答复过于迅速，会让对方误认为你并没有经过慎重考虑。你宁可多花十五分钟、一天或者更长的时间去严肃、仔细的思考，然后在打电话向对方作出答复。

2. 当你接到一些令人困惑的电话时

有时，我们可能遇到这样的情况：你接到一个电话却不明白对方在说些什么，或者使用一些你并不理解的词语和表达方式，或者要求你回答问题，承担自己并不知道的责任。尽管对于对方所说的你一无所知，但你却并不甘于承认自己的无知，不甘于因此而占下风。

面对这些情况，你也有很多办法。其一就是言辞模棱两可。比如，你可以说：

“您能再解释得更清楚一点吗？我不太明白您用这个词表达的意思。”

“您所指出的那个细节我并不完全清楚，我可以再查一查后回复您。”

打电话的问候礼仪

1. 不同时间可以用不同的问候语

问候语除了普遍的“你好”之外，还可以因时、因人、因地而变。早上 10 点以前，可以问声早安，10 点到 12 点问声上午好，12 点到 14 点问声中午好，14 点到 18 点问声下午好，晚上 18 点到 21 点问声晚上好。21 点以后，如果没有急事，就不要再给对方打电话，以免影响他人休息。

2. 问候可以因对象不同而不同

如果是跟家里人、同事或者熟悉的朋友打电话，可以不用拘泥于一板一眼的“你好”，而可以用多种方式来问候。比如给熟悉的朋友家里打电话，如果是朋友母亲接的，自己与朋友母亲也很熟，那就可以说“大妈，小雨在吗？”一声“大妈”称呼，比“你好”更加自然温馨。

3. 问候要先通报自己的姓名

给人打电话说完“你好”之后应该马上通报自己的姓名。如果马上接着说正事，对方会一时反应不过来，或许还会给对方造成困扰。对方可能不好意思问“你是哪位？”因为如果听不出特别熟悉的人的声音，也会让接电话者不舒服。尤其是上级给下级打电话，更要先通报姓名。

4. 问候要注意语气、声调

电话交流时，双方都看不到对方的表情，唯一交流的途径是听觉。因此问候时首先要语气适当、声调适度、咬字清晰，更不要说方言。过快过慢、大声或者有气无力的问候，都会让对方产生不良感觉，从而影响整个电话交流的效果。

如何结束通话的礼仪

在一般情况下，结束通话的人是打来电话的人。但是当电话变成了东拉西扯，或是漫无边际的时候，通话人只要简单地说：“现在我有事了，巴巴拉。我非常高兴能和你通电话。我们期望能在 7 号那天见到你。再见。”或者其他什么得体的话。

当你的通话被打断时，通常中断电话的人应当首先再打电话。

我们通常都有被啰嗦的通话者缠上的经历，他也许是一名执着的推销员，也许是一位喜欢长篇大论的朋友。当你想尽办法中断通话，但所有的努力都失败时，你可以采取更为积极的措施。首先是停顿，甚至有必要采用打断的办法，例如说：“我非常对不起，但是我必须挂断电话。孩子哭了。”或者“约翰正等着用电话。”或者说：“哇！现在有一个约会要晚了，我必须走了。”这类话。

另外一种必须迅速结束通话的场合是突然有客人来访，或者在家，或者是在办公室。当你有客人来访时，仍然长时间聊天是非常不妥的。当你知道这个电话不可能很快就结束时，你应当暂时推一推，在其后更合适的时间再打。在家你可说：“TOM 刚刚来访，我过一会儿再打过来好不好？”商务人员则可以说：“现在我有一个客户，如果你能留下你的号码，我一会儿有时间时会给你打过去的。”

另一方面，如果你知道通话会需要一段较长时间时，或者你想中止愉快的闲聊时，一个好的办法是，在你开始谈话时，对你的朋友说：“现在打电话合适吗？”或“你有时间聊吗？”如果更多的人采用这种方式，对电话的无聊和打扰的抱怨就会减少许多。

转接电话的礼仪

1. 转接电话拿着话筒和放下话筒一个样

很多人在拿着话筒时，通常会比较注意自己的语言，会说“您找哪位？请您稍等。”放下电话找人时，往往忘了对方也能听见，变得随心所欲，就像前面案例中所说的，变成了“是个男的”，或者说“一个有外地口音的人”，“一个声音挺娇的小姑娘”。当对方在电话里听到这些形容方式时，会感到不愉快。因此转接时，要同样用客气的方式叫人，或者应该用手捂上话筒，注意隔音。

2. 做好电话记录

如果对方要找的人不在，要尽量做好电话记录工作。记录内容包括什么人、什么时间打的电话、大概是要说什么事（如果对方不愿意不必强问）、对方有什么要求（一看到字条马上回电话，还是晚上再打电话等）。通常很多人在转接电话时不予记录或者记录得非常简单，只有一个姓和一个电话号码，这样对方要找的人工作繁忙的话，这种电话可能得不到及时回复。

3. 确认对方姓名身份尽量用褒义词语

替人转接电话，确认对方姓名时，尽量要用褒义词语。不要脱口而出，用习惯用语去确认对方的姓名。比如“您姓孙，是孙子的孙吗？”“您姓冷，是冷淡的冷吗？”诸如此类，让对方听了感到不快。其实可以改成“是孙子兵法的孙吗？”“是冷热的冷吗？”在记录对方电话号码时，则一定要重复，以免记错。

4. 未经要接电话者同意不要轻易将手机号码告诉对方

转接电话时，如果来电者要找的人不在，对方询问手机号码时，转接者一定要经过要接电话者同意才能把手机号码告诉对方。否则可能严重干扰到要接电话者的工作或生活。

5. 讲究口德不乱传闲话

如果转接到了一个敏感人物的电话，比如大家怀疑某某跟某某有特殊关系，恰好某某打电话找某某时被你接到了，这种时候千万不要捕风捉影，不要去转告第三人“谁给谁来电话了”，更不能在旁边偷听对方的电话内容。不论是绯闻还是面对关系过于紧密的上下级，接电话者都不能妄自猜测，随意传播。随意猜测传播严重破坏了正常的人际关系。

打电话的行为禁忌

案例一

问候不敬让对方反感

“喂，你给我找一下某某某。”一位先生有急事给某客户打电话，拨通电话后，高声地让接电话者去找人。正好那天接电话者心情不佳，听到这种电话心情更是不爽。而且接电话者也知道他要找的人正在开会，这时也不能接听电话。于是接电话者不高兴地说：“他不在。”随即挂掉了电话，这位先生也不知道客户到底干什么去了，什么时候才能打电话找着人，急得像热锅上的蚂蚁，他不知道造成这一结果的唯一原因是打电话忘了“客气”。

案例二

不会问候破坏自己形象

一位先生给远在俄罗斯留学的王姓朋友打电话。这位朋友居住在一个俄罗斯人家里。因为这位先生不会俄语，他打电话时，听到俄罗斯主人接起电话时，就一个劲地叫：“王、王、王”。俄罗斯主人听到如此问候，非常生气，事后问他的王姓朋友：中国人打电话都这么没礼貌吗？俄罗斯主人由此对他的王姓朋友也产生了看法。实际上，这位先生说一句英语的“Hello，how are you！”就能解决问题。

就餐中别对着餐桌打电话

1. 礼仪细节

参加宴会或与人一起进餐时，不能对着餐桌打电话，要离开餐桌。如果是茶话会，或者不方便离开餐桌，则要侧转身子，用手遮挡一下，防止唾沫溅到饭菜上。

2. 不能接听轻声告知

如果正在开会或交谈，不方便接听电话，可以轻声告诉对方，“对不起，正有事，回头给你去电话”。事后则一定要主动给对方回电话。

3. 司机打电话吓坏乘车人

张小姐坐出租车，中间有人给司机打电话。只见司机一手握着方向盘，一手拿着电话，显得非常熟练和满不在乎。张小姐在司机打电话时一直提心吊胆，惟恐警察看见，耽误时间，更怕司机没看见行人或车辆，发生什么事故。

4. 铃声搅乱音乐会

邱女士在北京音乐厅听一场由著名大师指挥的交响乐。音乐演奏到高潮处，全场鸦雀无声，凝神谛听，突然手机铃声响起，在宁静的大厅中显得格外刺耳。演奏者、观众的情绪都被打断。大家纷纷回头用眼神责备这位不知礼者。

5. 来电吵醒邻床病友

刘先生到医院探访病人，公司的同事来电话，铃声让另一床正闭目养神的病人睁开了眼。刘先生接起电话就谈上了工作。尽管电话时间不长，但那位被吵着了的病人一直脸色不悦。

6. 特殊场合打电话要体会他人感受

对打错的电话要宽容

随着电话的普及，我们每个人都有过打错了电话或接到打错了的电话的经历。当我们按照朋友留下的号码拨打一个电话，接听方可能会告诉你：“没这个人，你打错了。”还没弄清究竟错在哪了，接听方就把电话挂断了。是朋友把电话号码写错了，还是他的电话号码变了？还是我自己拨错号了？因为有急事要找这位朋友，只好提心吊胆地再拨打一次，问：“您的号码是×××吗？”接听方可能并不答复你的问题，只是气愤地说：“告诉你打错了！怎么还往这儿打！”

日前我打错了一个电话，接听方的做法真让我感动。我家前两年买了个知名品牌的电热水器，想找厂家的维修部保养一下，除除水碱。我按照厂家留的维修部电话拨了过去。接听方告诉我：“这里是私人住宅。”我连忙道歉。没料到对方还彬彬有礼地把电热水器维修部的电话号码告诉了我。我顺利地找到了那个维修部，得知他们因迁址变更了电话号码。

我想：这种电热水器在北京有那么多用户，这个私人住宅不知受到多少像我一样打错电话的人的“骚扰”，而他们是那么宽容，那么聪明，那么富于爱心……如果只告诉对方“你打错了”便挂断电话，不知有多少个打错电话的人还要再打过去。在感动之余，我萌生了这样一个念头：把这个小故事告诉大家。当我们接到打错的电话时，如能问一下对方欲拨打的号码，让他知道打错电话的原因，对人将带来方便，对己也将减少麻烦。

打电话能看出他人性格

日常生活中，我们的许多行为举止常常是无意的，但从这些无意之中却能体现出有心人的“身心”。从以下打电话的不同类型中，你也可以大致了解某些人的性格特点。

悠闲舒适型。这类人用电话时舒舒服服地坐着或躺着，一副泰然自若状。他们生活沉稳镇定，泰山压顶面不改色。

以笔代指型。习惯于用手中的圆珠笔等去拨动号码。这类人性格比较急躁，经常处于紧张状态，而且不让自己有片刻的空闲。

边行边谈型。他们通电话时从不喜欢坐立在同一位置，喜欢绕室而行。这类人好奇心极重，喜欢新鲜事物，讨厌任何刻板性的工作。

以肩代手型。他们喜欢把听筒夹在手和肩之间。此类人生性谨慎，对任何事情必须先考虑周详才作出决定，他们处处小心从事，极少犯错。

心有二用型。通电话的同时，常常要做一些琐碎的工作，比如整理文具、擦抹台桌等。此类人富有进取心，珍惜时间，分秒必争。

电线绕指型。打电话时不停地玩弄电话线。此类人生性豁达，玩世不恭；天下来当被盖，非常乐天知命。

信手涂鸦型。一边通话，一边在纸上信笔乱画。这类人大多具有艺术才能和气质，富幻想而不切实际。不过他们独具的愉快及乐观性格使他们经常可以较容易地度过困境。

抓紧下端型。通话时紧持听筒的下端。这类人外圆内方，表面看似怯懦温驯，其实个性坚毅，无论对事对人，一旦下定决心，永不改变。

平平无奇型。此类人无特殊习惯，一切动作出于自然。他们生性友善，富自信心，对自己的生活操纵自如，能伸能屈。

接电话的不良行为

1. 案例一　电话没回应惹恼客户

一位消费者新买的某品牌电脑出现了故障。她忘了该电脑的维修电话，于是从查号台问到该公司电话后打了过去。一位小姐接了电话后，犹豫几秒钟后说道："我帮你找人来说，你稍等。"谁知这一等就是好几分钟，这位消费者能听到办公室嘈杂的声音，但就是没人再接电话，那位小姐好像也不知去向。她非常生气，从此对这个品牌印象大打折扣。

2. 案例二　事情没说完推说管不了

一位市民看到一种社会不良现象，她给有关部门打电话。刚说两句，对方就打断说："小姐，这事不归我们管，你找别的部门试试。""你还没听我说完，怎么就知道不归你们管呀?""我说的肯定没错，你再给其他部门打打试试。""你们这也不管，那也不管，都管些什么呀?"市民的热心受到了伤害，她一下子生气了。

3. 案例三　一时口误遭冷遇

一位先生要找A公司，但拿起电话却顺嘴说成了B公司。A公司的员工一听对方要找的是自己的竞争对手，马上说"你打错了"。"啪"的一下就挂断了电话。这位先生回过神来，觉得心里很不舒服。他以前也跟接电话的这位员工联系过几次，没想到对方的温文尔雅都是装出来的，实际是这副"德性"，他再也不想和对方合作了。

别让手机给你的风度打折扣

在日常生活中，我们经常会遇到一些和礼仪有关的问题，如果处理得正确，就能很好地体现一个人的风度，反之，则会被人看成是一个没有教养的人，但是这些有关礼仪的知识由于尚未进入学校的课本，所以对很多人来说，是一个知识的空白点。

前几天，我兴致勃勃地观看电影的时候，被剧场里此起彼伏的一阵阵刺耳的手机铃声弄得情趣全无，如今不少人在看演出、晚会、话剧的时候也经常有这样的苦恼，手机虽然给大家带来了方便，但是在使用的时候应该注意些什么问题呢?

手机被称做"第五媒体"，中国有2.1亿的移动用户，放肆地使用手机会成为社会礼仪的最大威胁。所以"现在通话方便吗?"通常是拨打手机的第一句问话。其实，在没有事先约定和不熟悉对方的前提下，我们很难知道对方什么时候方便接听电话。所以，在有其他联络方式时，还是尽量不打对方手机好些。如果在禁用地点使用手机还可能造成灾难。怎样合理地利用手机呢?

在一切标有文字或图标禁用手机的地方，均须遵守规定。乘飞机时，必须关闭手机，因为手机讯号会干扰飞机导航系统。在加油站或是医院里用手机就有可能酿成火灾，或影响医疗仪器设备的正常使用。在驾车时不宜使用手机通话，否则易造成事故。

其次，电影院、严肃音乐会、舞蹈演出、开会、听报告时，不使用手机。公共场所应使之静音或转为振动。在一些场合，发送短信息往往比打手机更合适一些。我们建议大家应该多熟悉一下诸如语音信箱、短消息等特色服务功能。

有特别紧急的情况必须使用手机时可以换个房间，走到室外，甚至有人躲进厕所。

打手机时声音不要过大。尤其在公共场所，使用手机佩带的耳机与麦克时大喊大叫，别人会感到莫名其妙。特别提示：出于自我保护和防止他人盗机、盗码，不宜随便将手机号码告诉别人，更不应当随便将别人的手机号码转告他人。不宜随意互借手机。不在不正规的维修点对其进行检修。

馈赠礼仪

中国礼赠秘诀

1. 礼轻情义重

赠送礼品应考虑具体情况和场合。一般在赴私人家宴时，应为女主人带些小礼品，如花束、水果、土特产等。有小孩的，可送玩具、糖果。应邀参加婚礼，除艺术装饰品外，还可赠送花束及实用物品，新年、圣诞节时，一般可送日历、酒、茶、糖果、烟等。

礼轻情意重

2. 把握送礼的时机与方式

礼物一般应当面赠送。但有时参加婚礼，也可事先送去。礼贺节日、赠送年礼，可派人送上门或邮寄。这时应随礼品附上送礼人的名片，也可手写贺词，装在大小相当的信封中，信封上注明受礼人的姓名，贴在礼品包装皮的上方。通常情况下，当众只给一群人中的某一个人赠礼是不合适的。因为受礼人会有受贿和受愚弄之感，而且会使没有受礼的人有受冷落和受轻视之感。

给关系密切的人送礼也不宜在公开场合进行，以避免给公众留下你们关系密切完全是靠物质的东西支撑的感觉。只有礼轻情义重的特殊礼物，表达特殊情感的礼物，才适宜在大庭广众面前赠送。因为这时公众已变成你们真挚友情的见证人。如一份特别的纪念品等。

3. 态度友善，言辞勿失

送礼时要注意态度、动作和语言表达。平和友善、落落大方的动作并伴有礼节性的语言表达，才是受礼方乐于接受的。那种做贼似的悄悄地将礼品置于桌下或房间某个角落的做法，不仅达不到馈赠的目的，甚至会适得其反。在我国一般习惯上，送礼时自己总会过分谦虚地说："薄礼！薄礼！""只有一点小意思"或"很对不起……"这种做法最好避免。当然，如果在赠送时一种近乎骄傲的口吻说："这是很贵重的东西！"也不合适。在对所赠送的礼品进行介绍时，应该强调的是自己对受赠一方所怀有的好感与情义，而不是强调礼物的实际价值，否则，就落入了重礼而轻义的地步，甚至会使对方有一种接受贿赂的感觉。

4. 顾及习俗礼俗

因人因事因地施礼，是社交礼仪的规范之一，对于礼品的选择，也应符合这一规范要求。礼品的选择，要针对不同的受礼对象区别对待。一般说来，对家贫者，以实惠为佳；对富裕者，以精巧为佳；对恋人、爱人、情人、以纪念性为佳；对朋友，以趣味性为佳；对老人，以实用为佳；对孩子，以启智新颖为佳；对外宾，以特色为佳。

5. 送礼一定要掌握避免禁忌的原则：

例如，中国普遍有"好事成双"的说法，因而凡是大贺大喜之事，所送之礼，均好双忌单，但广东人则忌讳："4"这个偶数，因为在广东话中，"4"听起来就像是"死"，是不吉利的。再好，白色虽有纯洁无瑕之意，但中国人比较忌讳，因为在中国，白色常是大悲之色和贫穷之色。同样，黑色也被视为不吉利、是凶灾之色，哀丧之色。而红色，则是喜庆、祥和、欢庆的象征，受到人们的普遍喜爱。另外，我国人民还常常讲究给老人不能送钟表，给夫妻或情人不能送梨，因为"送钟"与"送终"，"梨"与"离"谐音，是不吉利的。还有，如不能为健康人送药品，不能为异性朋友送贴身的用品等。

送礼艺术——多为对方想一想

以下是一些小小的送礼原则，大抵上，只要送礼者能将心比心，多为对方想一想，就不会犯太大的错误了。

选择你自己也希望接受的礼物。如果你送的礼物连自己都不喜欢，人家怎么会喜欢呢？不要把去年收到的礼物今年再转送出去，或索性丢弃它，因为送礼的人通常都会留意你有没有使用他所送的礼品。

如果你比较富有，送礼给一般的朋友也不宜太过于出手阔绰，这有时会引起不必要的尴尬，得到反效果，反而送一些有心思的礼物会更好。

记得把礼物上的价格标签拿掉，把标签留在礼物上，礼物就变成只能传递两个讯息，一个是：“我们的情谊值多少钱”，另一个是“看着吧！下次得回同样价格的礼物给我”。而这个讯息，可以把所有送礼的情分都打得稀里哗啦！此外，不论礼物本身价值如何，最好还是要用包装纸包装起来。有时注意这细微的地方更能显出送礼者的心意。

必须考虑到接受礼物的人在日常生活中能否应用得上你送的礼物。比如，他家里摆得下这么大幅的画吗？

有些人到对方家中拜访时，直到要离开时，才想起该送的礼物，在门口拿出礼物时，主人却因为谦逊、客套而不肯接受，此时在门口拖拖拉拉的动作，颇狼狈，要如何避免这种情形发生？最好的送礼时机是，进到大门，寒暄几句就奉上礼物，如此，对方就不可能因为客套不收礼，而使双方僵持在门口。

如果错过了在门口送礼的时机，不妨在坐定后，主人倒茶的时候送，此时，不仅不会打断原来谈话的兴头，反而还可增加另一个话题呢！

送礼最好加点时尚元素

1. 礼仪常识

（1）探病送礼：有些人喜欢给病人送滋补品或保健品，其实，这很不恰当，因为病人正在治疗期，每日要按时服药或进行针剂注射，并不适合服用补品。送给病人的礼物以鲜花或小小的盆景为宜。但是，送鲜花是十分有讲究的，有些花并不适于送给病人。一般来说，下列花卉是不错的选择：玫瑰、康乃馨、满天星、百合、天堂鸟等。

（2）结婚送礼：作为参加喜宴的朋友，应事先选购一份礼物前往，礼物最好有意义，如送 99 朵玫瑰代表“天长地久”，或送具有纪念价值的金贺卡及结婚蛋糕，向新郎新娘表

精美的结婚蛋糕

示感激之情和祝福之心。

(3) 祝寿送礼：祝寿其实是庆贺生日。在给长辈祝寿时，“礼数”稍多一些。给同辈朋友过生日，则不必拘于形式送礼品最容易。给长辈祝寿，除了衣服要讲究之外，还必须带有一份含有健康长寿意义的物品，如设计精美的蛋糕，或有纪念性的金贺卡。

(4) 习俗送礼：一般说来，对家贫者，以实惠为佳；对富裕者，以精巧为佳；对恋人、爱人、情人，以纪念性为佳；对朋友，以趣味性为佳；对老人，以实用为佳；对孩子，以启智新颖为佳；对外宾，以特色为佳。

2. 送礼最好加点时尚元素

中国有句俗话：礼尚往来。但是，许多人却为送礼而头疼、烦恼。

大家总觉得给人送礼就是把礼物给予别人就算完事了，实际不是这样的。送礼的过程不仅是礼品的交流，而且是自身良好行为规范的表现。因此，送礼也就有了许多礼节，失礼了便可能造成“礼送了却没得到好”的结果。

漂亮的发财树

节假日送礼不妨采用一些时兴的方式，比如找个速递公司，将礼品给对方送过去；网上订购礼品直接送到对方家，也是一种不错的选择。

送礼也不要拘泥于送红包、茶酒之类，送点倒挂金钟、小棵的发财树、富贵竹等植物也很不错，把时尚的文化融入到传统的节日送礼中。

送礼方式与送礼场合

送什么礼，什么时候及怎样送是经常困扰人们的问题，即使是拥有最深的爱有时也无济于事，私人礼物很明显不可以用大众化来敷衍，许多礼物都会涉及风俗习惯和各人风格的问题。对这两方面都有所了解才会消除自己的疑虑和顾忌。

送礼时最重要的一点就是送出去的礼物要使人开心而不是让人窘迫，为了避免后者的发生，这里有一个基本的准则：在非正式的场合不要送奢侈浪费的礼物给你的熟人和朋友。例如，无论客人是多么富有，如果她送一套包装华丽、古色古香的礼品盒给女主人，这会让她吃不消。一位男士送给一位女士一枚珠宝戒指会让她觉得很尴尬，而她丈夫这样做却会让她欣喜万分。

1. 互惠

这个词如果不能正确理解会带来许多麻烦。它基本上指的是互换，但不是绝对的“以货代款”。

如果是基于亲密关系和喜爱之情，互惠基于慎重更甚于金钱，要好的朋友和亲戚互赠贵重的礼物，感觉他送那些简易的，甚至自制的礼物要好得多，或者他们可以象征性地每年互赠圣诞礼物，既表达了爱意，又少了很多麻烦。在亲密的关系中，伤人的一件事就是忘记对方的生日、纪念日或特殊的日子。因为这个原因，别对你的记忆太自信，把它们用红笔记下来，这些日子到来之前提醒自己注意该去买件合适的礼物了。

基于好的礼仪或习惯，而不是亲密的关系，人们可以互赠礼物，习惯上礼物的价值不会相差多少。

2. 适宜

如果要送礼物，你需要考虑你送礼物的理由是否适当，你同接受者的关系以及他的意愿。

3. 原因

人们经常在习惯性的日子里互换礼物，在人生中，有一些重要的事件：如结婚、洗礼、毕业，在这些时候本身就说明了送礼者的慷慨，因为送礼是单方向的。

爱是最自然的送礼原因，也是最少受限制的，但其中有一个例外：一位男士不可以送给他的女性朋友很贵重的或很私人的礼物，不管他是如何喜欢她，这个习惯在他俩结婚之后就打破了。

有的时候，送礼只是一种需要，慎重是最基本的，而价值的大小并不重要，在新邻居的门口留下一瓶葡萄酒，给报童送上一副露指手套——礼物来自于有心人。

4. 送礼人和接受者的关系

关系越亲密，朋友之间的自由度越大，家庭亲密成员和特别朋友之间是没有什么限制的。一位年老的人会送一件很珍贵的礼物给年轻人，送一件非常贵重的结婚礼物给好朋友的女儿也是很适当的。

两个人如果不熟，一件礼物价值上要有所保留而且不带个人因素。老板一般在圣诞节和因一些特殊的事情送礼物给雇员，现金是最好的选择。

5. 现金

理论上说，现金并不是好礼物，实际生活中，现金一般只给比自己年轻的人，家庭成员和雇员。数量多的用支票，少的用现金，股票和债券也是金钱，但不作为礼物送人，不同于现金，它们可以拿来送给自己的同事，通常用一张小卡片表示歉意，“我们不知道你最想要什么，所以请你收下它”。

送礼的时机

节日、生日、婚礼或探视病人时，是送礼的最佳时机。

节日，在西方国家，圣诞节是最重大的节日。圣诞节时，天真烂漫的孩子们为收到各种新奇玩具而兴高采烈，以为这是圣诞老人送给他们的礼物。大人们之间常送些书籍、文具、巧克力糖或盆景等。礼物多用花纸包好，再系上丝带。

探病大多是赠鲜花，有时也赠盆景。芬芳的花朵给人带来春天的气息，使病人获得精神上的安慰。在习惯上，如果亲自去慰问，通常送插瓶的鲜花，不必附名片；如果请花店直接送去，就须附名片。

送朋友远行时，也常赠礼品。礼物通常是鲜花、点心、水果或书籍杂志等。礼品上也附有名片，祝他一路平安。

此外，西方人认为单数是吉利的，有时只送三个梨也不感到菲薄，这一点不同于中国人讲究成双成对。西方人收到礼物，一定要马上打开，当着送礼人的面欣赏或品尝礼物，并立即向送礼者道谢。礼物包装讲究，外表富丽堂皇，里面却不一定是太贵重的东西。有时打开里三层外三层的精美包装，露出来的只是几颗巧克力而已。

节日礼物

礼品的包装选择

1. 署名包装

许多送礼人通过“署名”包装以使他们的礼物可让人认出来。白宫或美国国务院发出的官方礼物用白色或金色箔纸正式而又雅致地包扎，纸上用“国玺”装饰。我有一位朋友，她所送的全部礼物都用白色闪光图案纸包装，并用白色、银色丝带捆扎。受礼人若是位妇女，则她加上一小束丝质紫罗兰；若是男士，则加铺开的银色橡树果或树叶饰物。有些人送礼的方式比较随意，报纸往往可派大用场：一位熟人喜欢挑选合适的报纸版面做包装给予每位受礼者，如体育版、喜剧画版、园艺版等等。许多送礼人干脆就把他们的名字或姓名首字母写在丝带上，并用这些丝带做各种包装用。礼品包装以可见的形式表达出你自身的趣味、爱好以及色彩感和设计特色。一旦你决定了你的方式，

包装精美的花篮

你便避免了一些将来要做的决定，并总能有备无患，因为你购买足量的备用包装物。传统的日本式包装通常要把一件花草植物礼品包装起来是挺难的，然而你可以把它置于一只有趣而合适的容器内，增加其吸引力，贝壳、玻璃碗、葡萄藤编篮子、装饰草编、纤维制品、金属废纸篓，或者竹制或芦苇秆编的鸟栗（对蕨类植物和长叶植物极合适）所有这些都可用来丰富花草植物礼品的外观。在大小、形状、色彩和设计上同植物相配的罐子会使物的魅力倍增。若容器没有排水口，则先将植物盛于有排水口的罐，再将该罐放于装饰容器中。可能的话，在送出之前先把买来的植物礼品上的闪光纸拿掉，因为这些包装常常削弱了植物的美丽。将植物装入一只瓷罐并附加一只垫盆就增添了礼品的光彩。

2. 基本的富有创造性的包装

引人注目的包装可能非常简单也可能极其奢华。大多数礼品可以装入一种基本开口的包装：圆柱形（或球形）及其他立体形状。这些包装可小至火柴盒、高尔夫球大至棚车、热气球等。每个人都能学着度量、折叠及粘贴包裹这些形状的容器。如仔细折叠衔接包装纸角及使双面胶带，就可以折出有生气的长方形来。

要是你善于用纸包装，几层彩色或白的棉纸就可以设计出活泼而吸引人的包装。你可以在你自己的纸上调敲印签、印字或印上大理石花。孩子们常喜欢用土豆铒或者刻印字来做他们自己的包装。

有许多书籍提供了包装技巧和增加包装价值方面的知识和建议。按这些指导，聪明的人可以将包装设计装饰成旅行鞋、邮箱、蛀书虫、苏冰淇淋、蜜蜂、乌龟、菱形、流浪汉装、公共汽车、小丑、围裙或星星的形状。人们可以学习如何使用旧的维生素瓶、牛奶纸盒及花盆作基本形状来

练习包装，然后再用带子、棕色纸或冰棍棒等任何东西来加以美化，纸垫、金属小圆片等物装饰。

然而，我们中大多数人一直在用我们买的礼品包装物来设计那种便利而世俗的包装，通常还是在最后一分钟进行的，而且考虑得很不周。其结果常常是向人传递这样的信号，即送礼者有其他事情或者是匆忙忙找了件礼物。而事实上，送礼者却是花了许多时间为那个特场合及受礼者挑选这么一件得体的礼物的。

3. 礼品包装提示

将一件相关的小礼物系在包装外边，这意味着给孩子带来额外的趣味，对成人来讲则是件更有特色的礼物。这样的小礼物，可以送给妇女发夹、别针、香水、厨房小用品或小香袋，给男士的有开塞钻、种袋、中型肥皂、科隆香水、护腕带或袖珍日记本等。

挑选供包装用重量合适的纸以及你希望包装的方式，比如，用很重的纸包一件很小的物品是很不容易的。挑选同物品大小相应的图案彩纸等，如大而粗的图案适于大的包装。培养你自己的包装特色，如色彩的使用，纸或丝带类型及设计的选，以及特别的容器的采用等。

记住，表达自己情感的几句话比单单签上你名字更受欢迎。用独特、耐久或实用的容器（如篮子、碗等）或者用粘纸、塑料或织盖在盒子上做一只容器。在包装上系上新鲜的草、樟木片、羽毛或者一朵鲜花。加上欢快的飘带或丝带来装饰、美化较大的礼品。使用成套的物品包装，比如，把个人用文具装在一只有交织字母的文件夹里，把婴儿洋娃娃放在一只摇篮或玩具洋娃娃车里，或者把睡衣放在枕套里。用小礼品作礼物挂件或礼物卡。你可以将你的祝辞标写在行李标签、大棒糖、扇子、书签、钥匙圈、通讯录等上面。

礼物卡

通常，你送礼的理由从你的礼物卡所表达出的信息中反映出来。

礼物卡

专家们认为，贺卡比几乎任何其他物品更确切更迅速地反映出社会变革。如今，贺卡反映了现代潮流，像健康意识、高技术、单亲家庭及一支妇女劳动大军参与行政工作等。从别出心裁到愚笨可笑的各种卡，这些新的商业信息不仅被用来提醒人们重要的传统节庆，也用以人际交流。人们应该意识到不同风格、不同内容的卡片，能够赋予不同的人不同的场合以意味深长的情感。能够送贺卡的场合很多，如第二次结婚、一顿成功的宴请、一个新办公室、退休、收养甚至离婚。不是每件礼物都需要附一张令人难以忘怀的卡片。然而，只要收到一张这样的贺卡，人们总会将它保存一段时间的。

收到礼品能当面打开吗

经常看到节假日别人给父母送礼物后，他们接过后立即放在一边便陪客人聊天去了。但是我给别人送礼物时特别希望别人当面打开看看，并夸我送的礼物漂亮什么的。

中国人的传统习惯是，当面收了礼就赶紧收起来，不当面打开看看。而在西方，接受者都要打开礼品盒看看，并说出一些比如真漂亮、谢谢你等话语，以示对对方的尊重。这就是东西方文化差异。

10 多年前，王先生在单位刚刚升了级，可以安电话了。有人跟他说，你得给某某意思一下。王先生对怎么意思一下非常苦恼，要什么也不明说，又不明码实价标出来，于是，他将家里最好的五瓶装瓷瓶洋河大曲礼盒，拿去当做礼物送到某某家。

一路上王先生心里直念叨，他最好不在家。结果某某真不在，就老婆在。王先生说，电话的事，拜托您那位了。放下礼盒，马上就跟做了什么亏心事似的，屁滚尿流地走了。第二天电话就安好了。

第三天，一个人拎着礼盒回来了告诉王先生，某某说了您怎么还能这样做啊？本来就是该安的。王先生在心里抽自己嘴巴，怎么把人想成这样啊？人家不是因为这几瓶酒，就给安的。

打开瓶一看，瓶里一滴酒都没有。王先生想起，三个月前，来过一帮朋友，把酒都喝光了。后来说这瓶好，摆着像工艺品似的，就留着了。如今这事已经过去快 20 年了，王先生仍不知道是人家真的没看，还是一打开一滴都没有，才送回来。

拒绝收礼也要注意分寸

生活中经常会出现这样的情况，人家送礼可是自己不能收，或者不方便收，那么该怎么办呢？其实，拒绝收礼也要注意分寸，讲究礼仪。

一是要婉言相告。受赠人应该采用委婉的、不失礼貌的语言，向赠送者暗示自己难以接受对方的礼品。比如，当对方向自己赠送手机时，可告知："我已经有一台了，谢谢。"当一位男士送舞票给一位小姐，而对方打算回绝时，可以这么说："今晚我男朋友也要请我跳舞，而且我们已经有约在先了。"

二是可采取直言缘由法，也就是直截了当而又所言不虚地向赠送者说明自己之所以难以接受礼品的原因。在公务交往中拒绝礼品时，此法尤其适用。比如，拒绝别人所赠的大额现金时，可以讲："我们有规定，接受现金馈赠一律按受贿处理。"如果是比较贵重的礼品，可以说："按照有关规定，您送我的这件东西必须登记上缴，您还是别破费了，事情能办我会尽力的。"

同时，在回绝的方式上不仅可以当面谢绝，还可以采用事后归还法。有时，拒绝他人所送的礼品，若是在大庭广众之下进行，往往会使受赠者有口难张，使赠送者尴尬异常。遇到这种情况，可采用事后退还法加以处理。但是一定要注意别破坏包装，如果其中包括一些易坏的食品，就别往回送了，或者给人家买点新鲜的送回去，或者以价值相当的礼物回赠给人家。但要注意的是，事后归还应该在当天把礼物送回去，不要拖得太久。

"礼"尚往来——如何送礼

1. 做寿礼

给老人做寿送礼可送象征长寿健康和表达关怀心意的礼物，比如长寿面、寿桃，或者电热毯、计步器、电子血压计等，忌讳送钟表、鞋子，如果送水果不送梨，以避免老人比较忌讳的"送终"、"邪气"、"离别"的发音谐意。范例：浴室拖鞋、可座式两用折叠拐杖。

2. 探病礼

送鲜花和水果并不是唯一也不是最适合的探病礼物，因为有些人可能对鲜花过敏，一些病人不能吃水果。当鲜花凋落时，还有可能引起病人不好的联想。要送植物建议送长青植物。忌讳送药。范例：病人康复时可送小玩具、画册，病人治疗时可送羊毛毯、保温杯等。

3. 乔迁礼

祝贺主人乔迁之喜的礼物可以是生活用品，也可以是食物、鲜花。但要注意的是，送生活用品不宜送刀、剪这些利器，以及睡衣、浴衣这种隐私物。最受欢迎的乔迁之礼应该是主人有点舍不得买、但是又很喜欢的实用品。范例：多士炉、咖啡壶。

4. 同事礼

出差、旅行回来后应该给同事带些礼物。但避免送重礼和表示亲密关系的物品，如口红、刮胡刀等。给上司要单独送礼，档次比给同事的礼物稍高，而且要在公开场合赠送。但如果是为过节、婚礼、升迁给领导送礼，就不应该在公众场合，最好约好后送礼上门。

5. 商务礼

商务活动之间的初次拜访、节庆问候都可以送礼，但是礼物一定不要贵重，以礼轻实用最为恰当。商务送礼最需要注意的是要事先确定好送礼对象，最忌讳的是送了这家却忘送那家。范例：高档便利本、旅行便利文具包。

6. 做客礼

受邀到主人家做客一定要带些小礼物，空手拜访是失礼行为。但礼物无需贵重，否则反而会成为主人的负担。范例：鲜花、红酒。

7. 教子礼

长辈送孩子的礼物最好有文化教育和健身娱乐的作用，不宜送奢华礼物。范例：礼品书、网球拍。

8. 接礼

应该双手接礼，并先表示谢意，然后才可拆看或者暂时放在一边。父母接孩子礼时不要首先埋怨孩子乱花钱。老师如果觉得受学生礼物不妥，不要当面拒绝，应先收下礼物，然后通过家长谢辞。

节日送花

1. 元旦

每年的一月一日，一年复始，万象更新；举国欢庆，合家欢喜。用那些色彩艳丽的花木装点居室，或馈赠亲朋好友，是许多大中城市居民的理想选择。如金桔、在翠绿的叶片之间挂满了金灿灿的果实，耀眼夺目，充满喜庆与吉祥；在瓜叶菊青翠悦目的肥大叶片上，簇生着五彩缤纷的花朵，更能营造出喜气洋洋的和谐氛围。瓜叶菊俗名“富贵菊”，赠与亲友，既送去了富贵，又送去了吉祥。

2. 春节

春节是中华民族最古老、最喜爱的传统节日，是辞旧岁、迎新春的欢乐日子，是亲情、爱情、友情的大团圆，因此人们对春节用花的普遍心理是：色彩要鲜艳，能体现出合家欢喜、繁荣昌盛的美好心意。所以宜用表现热烈、富贵、吉祥的花卉馈赠亲友或装扮居室。1999 年春节期间，北京、天津等大城市的仙客来、杜鹃、月季、火鹤、瓜叶菊十分畅销，短短不到 10 天时间，对路品种销售一空。许多商家的统计数字表明，仅仅半月时间的销量就占去了全年销售量的 40%。

3. 情人节

每年的 2 月 14 日是玫瑰花的天下，红艳艳的玫瑰花妩媚娇艳，芳香醉人，带来爱意无限。一盒巧克力外加一枝玫瑰花，送女友或男友，送出一腔温情缠绵；用红玫瑰做一朵漂亮的胸花，别在爱人的胸前，可享受一份温馨。虽说情人节来自西方，但由于它有助于青年人之间的感情交流，所以倍受欢迎，1999 年的情人节，北京市场的玫瑰花高达 25 元一支，天津 30 元一支仍然脱销。

4. 父亲节

每年六月的第三个星期天是父亲节。父爱较之母爱，虽一样充满无尽的人性之美，却又是不同的。感受父爱，正如斟品醇浓醇香的老酒，杯中既装着琼浆似的辛辣，也盛满大地般的温存。在父亲节这一天，做儿女的送上一束黄色康乃馨或石斛兰，以表达对父亲的尊敬和感激之情。在日本、中国台湾等地，石斛兰被视为“父亲之花”。此外，白月季、三色堇、腊梅也是父亲节的理想礼品。

5. 中秋节

中秋节是家人团聚的传统节日。唐菖蒲、兰花、百合、火鹤等能体现人们花好月圆之情。桂花、大丽花、百合花、百日草等也是适合中秋节的花品。桂花高贵、崇高、大丽花色彩艳丽，华贵典雅，由于中秋节临近国庆节，市场对一串红、翠菊、蒲包花等花卉的需要量也很大。

百合花

6. 母亲节

美国国会 1914 年 5 月 7 日通过决议，确定每年五月的第二个星期天是母亲节。母爱是无私的，更是没有

康乃馨

国界。母亲一生为养育儿女呕心沥血，付出的最多。这一天正是提醒每位做儿女的要永远记住母亲的辛劳和养育之恩。康乃馨是母爱之花，它是慈祥、温馨和真挚的代名词。母亲健在，红色康乃馨是首选礼品；母亲去世，白色康乃馨是对母亲最好纪念。因此，康乃馨是这一天花市的俏销货，1 支康乃馨的售价可达 1 元至 2 元。值得注意的是，1999 年母亲节，有的地方已开始出现蝴蝶兰、洋兰等名贵花卉。